감정 읽기 리아 타로 실전 사례 편

감정 읽기
리아 타로

×실전 사례 편×

이야기공간

차례

리아 타로 실전 사례 Q&A 7

Q1.
상담할 때 질문을 어떻게 만들어야 하나요?

첫 번째, 대체로 긍정의 방향으로 질문하기를 추천한다.
예를 들어 "이사를 할까요?" 또는 "이사를 하면 어떨까요?"
이 질문들은 내담자의 선택과 관련 있다. 타로가 좋다고 읽히면
이사를 결심하고, 안 좋다고 읽히면 굳이 이사할 건 아니다.
따라서 "이사하는 게 좋을까요?"라고 질문을 정리하는 게 좋다.
긍정 유형의 카드가 뽑히면 이사해도 좋다는 해석으로 명확해진다.

두 번째, 두 가지 성격의 질문이 섞이지 않아야 한다.
예를 들어 "집을 팔고 이사할 수 있을까요?" 한 문장이지만
계약 성사와 이사는 다른 문제로 두 가지 성격의 질문이다.
내담자에게 집이 계약되는 게 궁금한 것인지, 아니면 이사할
새로운 보금자리를 마련하는 게 더 궁금한지 짚을 필요가 있다.
그리고 "~할 수 있을까요?"라는 질문의 유형은 내담자의 선택이 아니라
기다림이 필요하다. "집을 팔 수 있을까요?" 혹은 "집이 팔릴까요?"처럼
한 가지 질문으로 정리하면 좋다. 집이 계약된다고 읽히면 이후에
추가 질문으로 새로운 보금자리에 관련한 타로를 뽑는다.

세 번째, 질문의 순서를 정해야 한다. "언제 이사할 수 있을까요?"
내담자는 이사 시기를 물었다. 이보다 먼저 해야 하는 질문은
이사할 수 있을까요?"다. 타로가 이사를 할 수 없다고 읽히면
이사 시기를 질문하는 게 의미 없기 때문이다.

Q2.
어떤 상황에 추가 질문이 필요한가요?

전체적인 흐름이 중요하다. 질문과 해석의 흐름을 따라가다 보면
좀 더 구체적이고 분명한 해석이 필요한 때가 있다. 또는 내담자가
원하는 대로 읽히지 않는 아쉬움이 있을 때 추가 질문을 한다. 예를
들어 내담자가 신인 연예인이다. "조연 배우로 출연하는 드라마에서
인기가 있을까요?"라고 질문했다. 인기도 별로 얻지 못하고 갈등과
스트레스가 많겠다는 타로의 해석이라 가정해보자.
그 해석만 내담자에게 들려주고 상담을 끝낸다면 상담가도
내담자도 아쉬운 마음이 들 것이다. 그렇다면 어떤 추가 질문을
하는 게 좋을지 생각해보자. "인기가 없더라도 극복할 수
있을까요?" 혹은 '극복하기 위한 조언' 등을 추가 질문으로 해서
상담을 이어나갈 수 있다.

Q3.
질문에 따라 어떤 배열을 사용하면 좋을까요?

일반적으로 '금전 배열법'과 '관계 배열법'은 구분도 쉬운
편이고 의미가 분명하기 때문에 질문에 맞게 사용하자.
그 외 질문은 '결과 배열법'이나 '흐름 배열법'을 참고하고,
흐름과 결과가 있는 '매직 세븐 배열법'이나 '켈틱 크로스
배열법' 중 해석에 자신 있는 배열을 사용한다.
다만, 속마음이나 조언으로만 뽑을 때는 전체를 아울러서
해석할 수 있는 '결과 3장 배열법'이 무난하다. 예를 들어
'매직 세븐 배열법'으로 조언만 7장을 뽑는다든지 또는
'켈틱 크로스 배열법'으로 속마음만 10장을 뽑는
것은 바람직하지 않다.

Q4.
보조 카드는 언제 뽑고 해석은 어떻게 하나요?

보조 카드를 아무 때나 뽑으면 안 된다.
대체로 해석이 안 될 때 보조 카드를 뽑는데 역시나 해석이
안 되기는 마찬가지일 수 있다. 그렇기에 두 가지 갈림이
있는 의미의 타로가 뽑히거나 심리 반영일 때
보조 카드를 뽑을 수 있다. 보조 카드는 긍정 유형인지
부정 유형인지 의미를 구분해서 해석한다.

Q5.
마이너 카드 검 8번과 검 9번은 심리 상태가 어떻게 다른가요?

'그레고와르 솔로타레프'의 그림책 《룰루》 이야기를
통해 쉽게 이해할 수 있다.

서로를 본 적 없는 늑대와 토끼는 친구가 되었다.
토끼는 늑대에게 구슬치기, 책 읽기, 낚시 등을 가르쳐주었고,
늑대는 토끼에게 빨리 달리기와 무서움을 가르쳐주었다.
어느 날 늑대가 질리도록 무서웠던 토끼는 굴속으로 들어가 다시는
나오지 않기로 결심한다. 늑대는 절대 잡아먹지 않겠다고 맹세했지
만, 토끼는 아무 말도 들으려 하지 않았고 굴속에서도 나오지 않았다.

여기까지 내용은 검 8번과 연결할 수 있다.

그리고 밤이 되자, 토끼는 늑대가 자신을 잡아먹는 악몽을 꾸었다.

여기까지 내용은 검 9번과 연결할 수 있다.

두 카드의 공통점과 차이점을 알아보자.
공통점은 실체가 없는 두려움(기우)과 현실화하지 않은 것에 대한
심리적 상태를 의미한다. 차이점은 검 8번은 스스로 생각의 감옥에
갇혀 있다. 마음속 깊은 곳에 자리한 두려움은 확신이 되어
부정적인 단정을 짓는다. 벗어나기 어렵고 힘들며 지쳐 있다. 자포
자기 상태로 마음을 바꾸기 힘들며 어떤 말도 들으려 하지 않는다.
따라서 스스로 두려움을 극복해야 한다.
검 원소는 생각, 사고, 갈등을 의미하며, 수비학의 숫자 '9'는
완성 의미가 있다. 검 9번은 검 8번이 한층 더 심해진 상황으로
생각, 사고, 갈등의 완성을 의미한다.
그만큼 두려움이 확신을 넘어 최악의 상황으로 치닫고 있다.
끝없는 의심과 부정적 상상은 괴로움으로 이어진다.
우울증과 불면증에 시달릴 수도 있다.
따라서 현실화된 실체를 접해야만 끝이 날 수 있다.

그림책에서 토끼는 늑대에 대한 믿음이 있어야 관계를
회복할 수 있었다. 우리는 때때로 자신에 대한 믿음,
그리고 상대에 대한 믿음이 필요하다. '안 된다' 혹은 '못한다'라는
두려움이 생겼을 때 '잘할 수 있다'는 믿음을 가져보자.

Q6.
혼자서 연습할 수 있는 방법이 있을까요?

질문해줄 내담자가 없거나 연습할 대상이 없을 때는 매일매일
자신의 '하루 운세'를 뽑아 보는 방법이 있다. 타로 의미와 나의
하루가 맞아떨어지는 내용이 있는지 살펴보면 실력 쌓기에 큰
도움이 된다. 한 장을 뽑으면 하루 전체로 파악한다.
두 장을 뽑으면 시기를 나누어 오전과 오후로 파악한다.
세 장을 뽑으면 아침에서 점심, 점심에서 저녁, 저녁에서 잠자기
전까지로 파악한다.

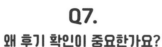

Q7.
왜 후기 확인이 중요한가요?

리아 타로는 현장에서 많이 사용되는 배열법의 올바른 개념
설명을 기본으로 한다. 여기에 후기로 증명된 방대한 사례는
리아 타로의 강점이다. 10가지 배열법으로 본 50개의 다양한
사례를 통해 해석의 방향을 다르게 보는 방법과 명쾌한
한 줄 분석, 놓치지 말아야 할 의미를 짚어준다.
네이버 밴드 '리아의 타로 이야기'에서 소통한 내용과 수강생들
의 생생한 상담 사례를 하나하나 심층 분석했다. 각 사례를 여
러분만의 리딩으로 재해석하고 실제 후기와 비교해보면 새삼
후기의 중요성을 느낄 수 있다. 더 효과적으로 상담할 수 있는
방법과 자신에게 잘 맞는 배열법도 찾을 수 있다.
그렇게 타로 공부를 하면 한층 실력이 향상될 것이다.

리아 타로
실전 사례 편

제1장

결과
배열법

제1장 결과 배열법

1. 결과 1장 배열

결과 1장으로 질문의 상황을 파악한다는 건 어려운 일이다. 의미가 함축되어 있기에 더욱 그렇다. 1장의 카드 해석을 잘해야만 여러 장의 카드를 뽑더라도 각 카드가 가진 고유 의미를 파악해 전체를 연결한 리딩을 잘할 수 있다. 그렇기에 결과 1장 배열법은 '리아 타로' 리딩의 기본이라 할 수 있다.

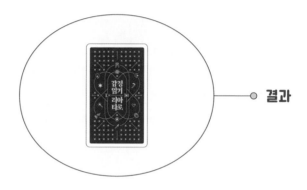

결과

2. 결과 2장 배열

결과 2장으로 질문의 상황을 파악할 때는 뽑힌 순서가 중요하다. 두 번째 뽑힌 결과 자리의 의미를 좀 더 무게 있게 해석할 수 있다.

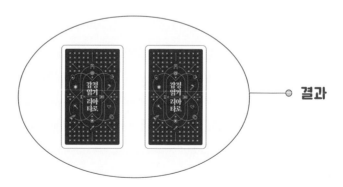

결과

3. 결과 3장 배열

결과 3장으로 질문의 상황을 파악할 때 역시 뽑힌 순서가 중요하다. 세 번째 결과 자리의 의미를 좀 더 무게 있게 해석할 수 있다. 더불어 가운데 자리의 카드를 중심으로 양옆의 카드를 해석할 수 있다. 또한 질문에 따라 조언 3장, 속마음 3장 등 여러 가지 의미의 형태로 활용할 수 있다.

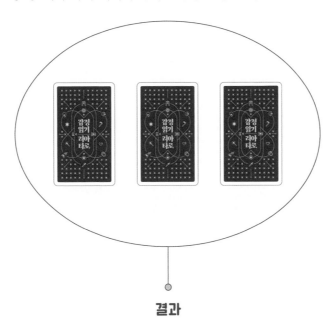

결과

소설을 쓰는 작가다. 두 곳의 공모전에 응모하였는데 수상할 수 있을까?

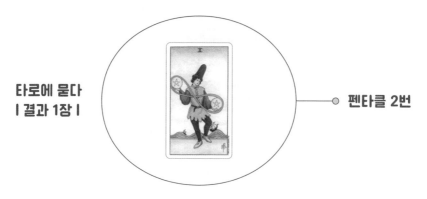

타로에 묻다
| 결과 1장 |

펜타클 2번

◆ **한 줄 분석** ◆

펜타클 두 개를 돌리는 자신감이 있다.

◆ **리아의 해석** ◆

두 가지 해석이 가능하다.

먼저 두 개의 펜타클 모두 안전하게 돌릴 수 있다는 자신감처럼 내담자는 양쪽 다 수상할 거라는 기대감이 있다. 또한 카드 숫자 '2'에서 '두 곳'에 응모라는 연결점도 있다.

◆ **추가 질문** ◆

수상 가능성이 있다 읽히기에 각각의 응모처에서 수상할 수 있을지 질문한다.

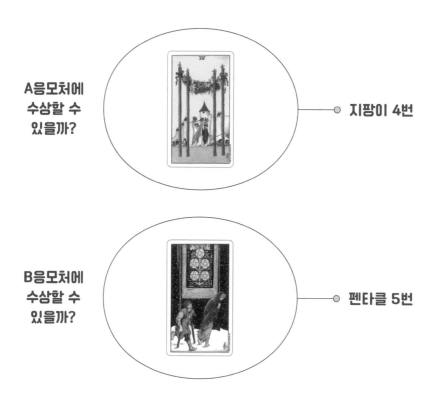

A응모처에 수상할 수 있을까? — 지팡이 4번

B응모처에 수상할 수 있을까? — 펜타클 5번

◈ **추가 해석** ◈

A응모처 : 지팡이 4번   B응모처 : 펜타클 5번
수상할 수 있다.   수상이 어렵다.

◈ **상담 후기** ◈

내담자는 A응모처에서만 수상했다고 한다.

◈ **기억하기** ◈

응모한 두 곳을 합쳐서 질문하기보다는 각각 질문하는 것이 좋다.

40대 중반의 회사원이다. 승진 후보자인 경쟁자가 승진할 수 있을까?

타로에 묻다
| 결과 1장 |

지팡이 5번

✦ 한 줄 분석 ✦
같은 카드라도 어느 입장으로 뽑았는지에 따라 해석이 달라진다.

✦ 리아의 해석 ✦
승진을 원하지 않는 본인 또는 경쟁자를 질문 : 지팡이 5번
승진을 원하지 않는데 승진이 되어서 속상하다. 따라서 승진이 된다.

승진을 원하는 본인, 가족, 지인, 동료 중 질문 : 지팡이 5번
승진을 원하는데 승진이 안 되어서 속상하다. 따라서 승진이 안 된다.

제삼자가 중립 입장에서 질문 : 지팡이 5번
통상적으로 승진 후보자 입장에서 뽑아 해석한다. 따라서 승진이 안 된다.

✦ 상담 후기 ✦
내담자가 질문한 경쟁자는 승진되었다.

✦ 기억하기 ✦
긍정 의미의 타로가 뽑히더라도 입장에 따른 해석의 차이를 고민해야 한다.
정치인의 당선 여부를 질문으로 대입해도 된다.

수강생 아들이 사직서를 제출했다. 회사에서는 직원을 구할 때까지 한 달에서 두 달 정도 더 근무해달라고 요청한다. 퇴사할 수 있을까?

타로에 묻다
| 결과 1장 |

검 6번

✦ 한 줄 분석 ✦
갈등 vs 이동. 검 6번에서 갈등을 해석해야 한다.

✦ 리아의 해석 ✦
배에 꽂혀 있는 여섯 개의 검을 뽑지 않고 앞으로 나아간다는 것은 갈등을 해결하지 않고 묻어 두고 간다는 의미다. 만약 갈등이 있는 채로 나아간다는 의미를 무시하고, 이동에만 의미를 부여하면 긍정으로 해석될까? 그렇지 않다. 갈등 상황은 회사에 사직서를 제출했어도 퇴사하지 못한다는 의미다.

✦ 상담 후기 ✦
회사와 협의해 급여와 강의료가 올랐다고 한다. 퇴사하지 않고 계속 다니기로 했다는 후기다.

✦ 기억하기 ✦
검 6번 의미를 이동에만 둔다면 해석할 때 오류가 생긴다.

40대 중반 여자이다. 공인 남자와 새로운 만남을 시작했으며, 외부로 알려지지 않게 조심히 만나고 있다. 첫 번째 상담에서는 계속 잘 만날 수 있을지 궁금해했다. 여러 번 같은 질문을 반복하던 중 그 사람과 헤어지겠다며 상담을 요청했다.

타로에 묻다
| 결과 1장 |

컵 7번

◈ 한 줄 분석 ◈
내담자가 정말로 헤어질 마음이 있는지 확인해야 한다.

◈ 리아의 해석 ◈
내담자가 상대를 매우 좋아한다는 것을 알 수 있다. 자주 연락하고 만나며 모든 것을 공유하고 싶은 마음이다. 하지만 상대는 내담자가 원하는 만큼 시간을 내어주지 못한다. 상대와의 만남에 기대가 높았던 내담자의 마음은 조급해지고 불만은 쌓인다. 내담자가 얼마나 행복한 상황인지 상상이 되는가? 여기서 중요한 것은 헤어질 마음이 전혀 없다는 것이다. 마음과 달리 반대로 질문했다는 것을 알 수 있다.

◈ 상담 후기 ◈
내담자도 가정이 있고 남자도 가정이 있다. 게다가 사업가라 많이 바쁘다고 한다. 통화는 매일 짧게 하지만 원하는 만큼의 통화는 어렵다고 한다. 며칠에 한 번씩 만나는 것보다 매일 만나면서 사랑을 나누고 싶다는 후기다.

내담자의 질문으로 바로 타로를 펼치기보다는 사연을 듣고 상담가가 궁금한 것을 질문하는 방법도 있다. 소통이 잘 이루어져 더 풍요로운 상담이 가능하다.

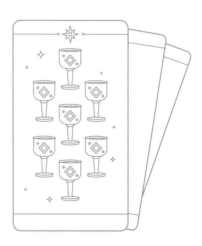

하루 운세가 궁금하다.

타로에 묻다
| 결과 1장 |

컵 시종

✦ 한 줄 분석 ✦
카드 주인공은 컵에 담긴 물고기와 '왜' 눈을 마주하고 있을까?

✦ 내담자와 리아의 해석 ✦
내담자 : 오늘 좋은 소식이 있을까? 나의 어떤 호기심이 발동할까? 오늘
　　　　일정은 치과 가서 충치 두 개 치료할 예정이에요. 쉽게 끝나려나….

내담자 : 치과 잘 다녀왔어요. 아직 2시밖에 안 돼서 타로 결과는 모르겠
　　　　지만 간단히 치료하고 왔어요.

김리아 : 마음의 상태를 들여다보는 하루가 될 수 있습니다. 싫은 감정이
　　　　든 좋은 감정이든 내가 어떤 마음인지 살펴보세요.

✦ 상담 후기 ✦
다음 날 오후 연락 온 내담자는 싫은 감정이 들었다고 전했다. 충치 치료 후
에 힘들어하는 모습을 본 남편이 지나치다고, 1절만 하라는 말에 화가 올라
왔었다고 한다. 서운한 마음을 혼자서 안고 있었다는 후기다.

✦ 기억하기 ✦
'진짜 내 생각이 맞아?' '진짜 내 마음이 무엇이지?' 컵 시종은 내가 생각했
던 마음이나 말에 의문을 던지는 카드라 할 수 있다.

인사발령을 앞두고 있다. 혼돈의 현재 부서에 남을지 다른 부서로 갈지 스스로 선택할 수 없는 상황이라 두렵기는 하지만 어느 부서로 가도 받아들일 마음의 준비가 되어 있다. 현재 부서와 다른 부서 중 어디로 가게 될까?

타로에 묻다
| 응용 배열, 결과 1장 |

현재 상황
컵 2번

현재 부서
16번 탑

다른 부서
14번 절제

질문이 분명해야 한다. 어느 부서에 발령받고 싶은지 자신의 마음을 먼저 아는 게 좋다. 한 가지 질문을 해야 명확한 답을 얻을 수 있다.

◆ 리아의 해석 ◆

현재 상황 : 컵 2번

현재 상황 자리는 현재 부서에 남고 싶은지, 다른 부서로 가고 싶은지 파악할 수 있기에 눈여겨 해석해야 한다. 각각의 결과를 감안해서 어느 부서 발령인지를 예측할 수 있다. 컵 2번은 새로운 방향의 제시를 의미한다. 내담자는 기존 부서보다 새로운 부서에 가기를 원하고 있다.

현재 부서 결과 : 16번 탑

그렇다면 현재 부서에서 떠나고 싶지만 그럴 수 없어 무너져 내리는 상황으로 현재 부서에 머물게 될 거라 읽을 수 있다.

다른 부서 결과 : 14번 절제

다른 부서 발령은 컵 2번의 새로운 방향 제시가 될 수 있다. 그러나 절제해야 하는 상황으로 내담자가 원하는 부서로 발령이 쉽지 않다. 따라서 다른 부서로 갈 수 없다.

◆ 상담 후기 ◆

현재 부서에 남게 되었다고 한다. 덧붙여 16번 탑으로 "이제 추락만 남은 건가요?"라고 아쉬운 마음을 남겨주었다.

◆ 기억하기 ◆

"어느 부서로 가게 될까?"처럼 막연한 질문보다는 근무하고 싶은 부서를 지목해서 "원하는 부서에 발령받을 수 있을까?"처럼 한 가지 질문으로만 타로를 뽑아야 더 정확하게 해석할 수 있다.

자격증 시험을 보았다. 필기시험 합격자 발표 후에 2차 서류 심사와 3차 면접, 그리고 4차 연수가 진행되는 시험이다. 가채점 결과 합격 점수에서 간당간당한 수준이다. 필기시험에 합격할까?

타로에 묻다
| 결과 2장 |

지팡이 기사
&
펜타클 7번

◆ 한 줄 분석 ◆
같이 뽑힌 카드의 의미를 연결해야 한다.

◆ 리아의 해석 ◆
지팡이 기사

이해관계자 중 누구일까? 내담자로 읽어 합격 여부를 기다리면서 불안한 상황이다.

펜타클 7번

1~2점 차의 만족스럽지 못한 아쉬움으로 읽을 수 있다. 지팡이 기사의 결과는 있으나 마음에 들지 않음을 연결하여 불합격으로 읽을 수 있다.

◆ 상담 후기 ◆
여섯 과목 중 과락은 한 과목도 없었지만 전체 평균 1점이 부족해서 불합격했다고 한다. 덧붙여 1~2점 차 해석을 어떻게 하는지 궁금하다고 질문해주었다.

지팡이 기사는 급하고 불안한 상황으로 결과는 있으나 마음에 들지 않는다
는 부정적인 의미가 있다. 마찬가지로 펜타클 7번에서도 만족스럽지 못한 부
정의 의미가 있다. 다리 사이에 놓인 하나의 펜타클을 '1~2점만 더 점수가
높았더라면…' 하는 아쉬움으로 연결해 불합격으로 해석할 수 있었다.

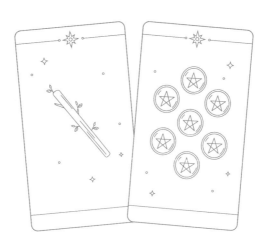

타로의 매력에 푹 빠져 타로 상점을 차리고 싶어 하는 수강생이다. 하지만 시기를 뒤로 미루며 망설이고 있다. 수업 중 타로 실력을 질문했다.

타로에 묻다
| 결과 2장 |

**컵 8번
&
펜타클 9번**

◆ 한 줄 분석 ◆
카드 뽑은 순서가 중요하다.

◆ 리아의 해석 ◆
컵 8번
떠나는 뒷모습에서 실력이 부족하다 여기고 있다. 그 부분이 타로 상점을 차리는 데 망설이는 이유가 될 수 있다.

펜타클 9번
그렇더라도 포기하지 않고 열심히 노력해서 스스로 만족하는 수준까지 실력을 끌어올리려고 한다.

◆ 추가 질문 ◆
수강생들의 리딩이 갈리면서 "실력이 있다고 읽어야 하는 거 아닌가요?"라는 질문이 있었다. 그렇게 읽으려면 타로의 순서가 바뀌어서 뽑혀야 한다. 순서를 바꾸어 보자.

펜타클 9번
&
컵 8번

◆ 추가 해석 ◆

펜타클 9번

열심히 노력하였고 그 과정이 차곡차곡 쌓여 풍요로운 실력이 되었다.

컵 8번

그러나 떠나는 뒷모습에서 스스로 자신감 있게 표출하지는 못하고 있는 것 같다.

◆ 상담 후기 ◆

"실력이 부족하다고 생각해요. 자신감이 떨어져 시작을 못하는 상황인 것 같기도 하고요. 계속 미련이 남아 리아 선생님과 인연의 끈을 놓지 못하고 배움을 이어가고 있어요. 지금처럼 노력하다 보면 좋은 날이 올 것 같아요"라는 후기를 전해주었다.

◆ 기억하기 ◆

뽑힌 순서에 따라 해석이 달라질 수 있다. 무엇보다 중요한 건 후기 확인이다.

지인이 사주를 보러 갔더니 2022년 1월에서 2월 사이에 수술할 일이 생긴다고 들었다. 무사히 지나가길 바라는데 불안하다. 현재의 건강 상태가 궁금하다.

타로에 묻다
| 결과 2장 |

지팡이 4번
&
9번 은둔자

◆한 줄 분석◆
건강 질문에서 지팡이 4번 해석이 중요하다.

◆리아의 해석◆
지팡이 4번
과거에 치료를 받고 호전되었으나 완치가 아니라는 것을 알 수 있다.

9번 은둔자
고개를 숙인 모습에서 목 디스크를 언급하기도 한다. 하지만 카드 의미로 건강상 안 좋은 곳이 있으며 우울하다고만 읽겠다.

◆상담 후기◆
지인은 가족력도 있고 이미 과거에 진단받은 병명이 있어 걱정되고 불안하다고 한다. 치료를 받고 전보다 나아지긴 했지만 꾸준히 관리하고 있다는 후기를 전해주었다. 덧붙여 "왜 제 눈에는 타로가 안 읽힐까요?"라고 적어주었다.

◆기억하기◆
지팡이 4번은 건강 질문에서 재발 우려의 의미가 있다.

수강생은 어깨가 아파서 진료를 받았다. 아픈 원인이 목에도 있을 수 있어 목등뼈 MRI 검사를 진행하고 진단을 받았다. 보험회사에 진료비와 비급여 MRI 검사비를 청구했다. 의료보험법이 개정되어 질병으로 분류되니 비급여 항목을 급여 항목으로 전환하라고 한다. 그렇지 않으면 보험금을 줄 수 없다는 것이다. 그러나 병원에서는 급여 대상이 아니라고 하여 전환하지 못하고 일단 필요한 추가 서류를 보험회사에 제출하였다. 의료 실비 1세대 실손보험 가입자이다. 청구한 보험금을 다 받을 수 있을까?

타로에 묻다
| 결과 2장 |

펜타클 시종
&
8번 힘

✦ 한 줄 분석 ✦
의료 실비 1세대 실손보험 질병 코드 진단 시, 자기부담금 5,000원을 공제하고 비급여 항목 보험금을 지급한다.

✦ 리아의 해석 ✦
펜타클 시종
이해관계자 중 누구일까? 내담자로 읽어 보험금을 받기 위해 추가 서류를 준비해 제출해야 한다.

8번 힘
순탄하지 않음을 의미한다. 시간이 걸리더라도 자기부담금 5,000원을 제외한 비급여 검사비 전액을 받을 수 있다.

청구한 보험금 전액을 준다는 연락을 받았다고 한다. 보험회사가 말하기를 신경학적 검사를 먼저하고, MRI를 찍어야 하는 게 순서라서 원래대로 하면 지급이 안 되지만, 신경 이상으로 치료 목적이 분명해서 이번만은 지급해주기로 했다는 후기다.

◈**기억하기**◈

사례를 분석할 때 급여 항목으로 전환하지 않으면 보험금을 줄 수 없다는 부분은 이해가 되지 않는 내용으로 고민이 필요하다. 내용을 살피지 않고 뽑은 카드만 리딩하는 것은 해석의 한계를 가져올 수밖에 없다.

30대 여자 내담자에게 4년 동안 사귄 남자가 있다. 그 사람과의 만남이 도움이 될지 궁금하다.

타로에 묻다
| 결과 2장 |

4번 황제
&
검 7번

◇ **한 줄 분석** ◇

검 7번이 흥미롭다. 내담자에게 사연을 이끌어내고자 한다.

◇ **리아의 해석** ◇

4번 황제

　　김리아 : 고집이 좀 센가요? 자기가 하는 말을 잘 따라주는 사람을 좋아
　　　　　　하는데요?

　　내담자 : 네.

　　김리아 : 이 사람의 성향을 맞추는 것이 좀 불편하지 않아요?

　　내담자 : 아니요. 맞추는 거는 괜찮은데 이 사람은 돈이 별로 없는 거 같
　　　　　　아요.

검 7번

　　김리아 : 금전적인 부분이 고민이겠어요.

　　　　　　그럼에도 이 사람에게 끌리는 부분이 있어 보여요. 어떤 점일
　　　　　　까요?

　　내담자 : 변호사라서….

김리아 : 직업이 안정되고 좋아서 끌리는군요.

나에게 도움이 되는지를 본다면 그렇다고 읽을 수 있습니다.

내담자 : 그 사람이 결혼하자고 해요.

김리아 : 그런데 왜 확신이 없는 거예요?

내담자 : 돈이 없으니까….

김리아 : 그 부분이 중요하긴 하죠.

◈상담 후기◈

안정된 직업이 있어 마음이 흔들리긴 하지만, 다른 경제적인 부분으로 인해 계속 만날지 내담자는 마음의 갈등을 겪고 있다. 이어서 연락을 주고받는 다른 이성과의 만남은 도움이 될지 추가 상담을 진행했다. 어느 이성을 선택할지는 내담자의 몫으로 남겨두고 상담을 마무리하였다. 사뭇 내담자의 선택이 궁금하다.

◈기억하기◈

검 7번은 손쉽게 이익을 얻기 위해 잔꾀 부리는 계획을 의미한다.

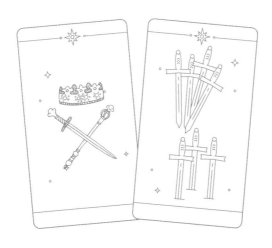

배우자와 이혼을 결심한 40대 중반 주부다. 매우 힘든 상태로 결혼 생활을 유지하다 서로에게 상처만 남기고 별거 중이다. 손찌검 같은 폭력은 없었지만 경찰서에 신고한 적도 있다. 배우자를 여러 차례 설득한 결과 합의이혼을 약속받았지만, 내담자는 배우자가 약속을 지키지 않을 것 같아서 걱정하고 있다. 가정법원에 제출할 이혼 서류를 준비하고 있다. 이혼과 관련하여 내담자에게 필요한 조언을 먼저 뽑아보기로 했다.

타로에 묻다
| 조언 3장 |

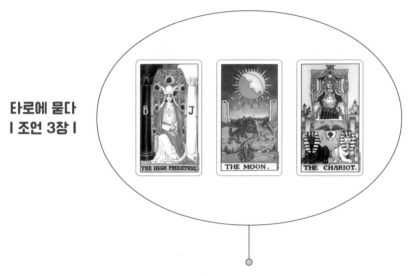

2번 여사제 & 18번 달 & 7번 전차

◆ **한 줄 분석** ◆

사연을 들었을 때 이혼을 준비하는 게 낫겠다.

◆ **리아의 해석** ◆

2번 여사제

여사제가 들고 있는 토라의 문서와 접목하여 이혼 서류를 준비해야 한다.

18번 달

배우자의 약속과 달리 이혼이 안 될 수도 있는 상황에 대비하기를 바란다. 당분간 지금처럼 지내야 한다는 것이다.

7번 전차

당장은 이혼이 어렵더라도 계속해서 이혼을 밀어붙여야 한다.

✧ 추가 질문 ✧

가정법원에 서류를 접수했다. 법원에서 정해준 1차 기일에 배우자는 나오지 않았다. 2차 기일에 배우자가 나올지 궁금하다. 배우자가 합의 이혼 도장을 찍으러 나올까?

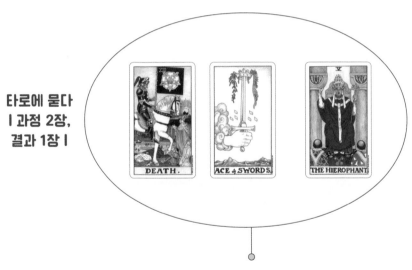

타로에 묻다
l 과정 2장,
결과 1장 l

13번 죽음 & 검 에이스 & 5번 교황

✧ 추가 해석 ✧

과정1 : 13번 죽음

배우자도 이혼을 생각하고 있다.

과정2 : 검 에이스

확신이라는 의미가 있다. 다만, 확신으로 해석할 때는 어느 방향일지 구분해
야 한다.

결과 : 5번 교황

과정2 자리 검 에이스와 연결하여 이혼에 대한 확신이라면 합의 이혼이라
읽을 수도 있다. 만약 생각이 바뀌어 이혼 안 한다의 확신이라면 결혼 생활
을 유지하는 갈등으로 읽는다.

◆ 추가 질문 ◆

검 에이스는 어떤 확신인지 갈라서 보기를 해본다.

배우자의 이혼한다 확신인가? ▸ 펜타클 기사

배우자의 이혼 안 한다 확신인가? ▸ 검 6번

이혼한다 : 펜타클 기사

이혼을 신중하게 다시 고민하고 있다. 따라서 이혼한다는 확신이 아니다.

이혼 안 한다 : 검 6번

갈등이 있지만 결혼 생활을 유지하려고 한다. 따라서 이혼 안 한다의 확신이다.

결과 : 5번 교황

배우자는 생각이 바뀌어 결혼 생활을 유지하기로 결정했다. 2차 기일에 나오지 않을 것이다.

◆ **상담 후기** ◆

내담자는 2차 기일 가정법원에 출석했지만 배우자가 나오지 않아 합의 이혼을 할 수 없었다는 후기다. 이후 1년이라는 긴 시간 동안 설득하여 결국 합의 이혼이 성사되었다고 전해주었다.

◆ **기억하기** ◆

이혼 질문은 무거운 질문이다. 결혼 생활 유지가 어렵다면 이혼이 성사될 수 있는 방향으로 조언을 고민하게 된다.

몇 년 전 결혼 정보 업체를 통해 만난 이성과 뜨문뜨문 만나다 흐지부지되었는데 다시 연락하게 되었다. 그 남자와 잘될 수 있을지 속마음이 궁금하다. 남자와 여자의 속마음으로 3장씩 뽑았다.

타로에 묻다
| 남자의 속마음 |

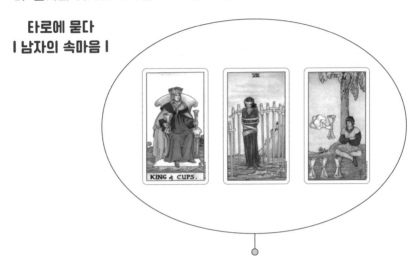

컵 왕 & 검 8번 & 컵 4번

타로에 묻다
| 여자의 속마음 |

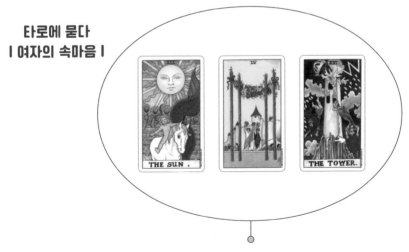

19번 태양 & 지팡이 4번 & 16번 탑

◆ 한 줄 분석 ◆

내담자와 상대의 속마음을 같이 뽑아 서로의 마음을 비교하는 것이 좋다.

◆ 리아의 해석 ◆

남자의 속마음 : 컵 왕

검 8번의 상처가 있음에도 불구하고 '내담자와 다시 만나볼까?' 생각하고 있다.
바람둥이 기질이 있다고 짚어 볼 수도 있다.

> 김리아 : 성향이 부드럽고 자상한가요? 얘기도 잘 들어줄 것 같은데요?
> 내담자 : 네.

남자의 속마음 : 검 8번

> 김리아 : 혹시 남자가 상처받은 게 있나요?
> 내담자 : 네.
> 김리아 : 그 상처를 아직도 간직하고 있어요. 왜 상처를 받았을까요?
> 　　　　갑자기 그만 만나자고 했나요?
> 내담자 : 아니요. 결혼하면 관계를 해야 한다고….
> 김리아 : 거부를 하셨구나.
> 내담자 : 네.

남자의 속마음 : 컵 4번

관계의 거부로 인한 검 8번의 상처가 내담자에게 관심이나 설렘이 사라지게
한다.

내담자의 속마음 : 19번 태양

여전히 남자에게 호감을 느낀다.

내담자의 속마음 : 지팡이 4번

다시 만나고 싶은 즐거운 마음도 생긴다.

내담자의 속마음 : 16번 탑

그러나 불안한 마음도 든다. 온전히 마음을 다 드러내지 못하고 망설인다.

김리아 : '내가 이 사람을 좋아해도 될까?'라는 두려움이 깔렸어요.

내담자 : 네. 맞아요.

◈ 속마음 비교 ◈

남자의 마음은 반반이다. 내담자가 자신을 거절하는 모습에 검 8번의 상처를 가운데 두고 컵 4번의 관심이나 설렘이 사라진다. 그러나 한편으로는 내담자 하고 다시 잘되고 싶은 컵 왕의 이면적인 마음도 있다. 그런 상황에서 남자보다 내담자가 오히려 호감을 느끼며 관심을 내보이니 '이 사람을 좋아해도 될까?' '다시 만나도 괜찮을까?'라는 두려움이 생기고 있음을 알 수 있다.

◈ 상담 후기 ◈

내담자는 다른 이성을 만나고 있으나 이 사람에게 좀 더 호감이 느껴진다고 한다.

◈ 기억하기 ◈

속마음이 궁금하다는 질문을 많이 받는다. 그럴 때 보통은 상대의 속마음만 뽑아서 읽어주기도 한다. 하지만 그보다는 내담자의 속마음도 같이 뽑아서 둘 관계의 속마음을 비교하며 전체적으로 보는 게 좋다. 더불어 각자 3장씩 뽑을 때 의미 파악이 가장 잘 된다.

배우자가 다른 이성을 만나는 심증은 있지만 물증이 없는 상황이다. 배우자가 바람피우고 있을까?

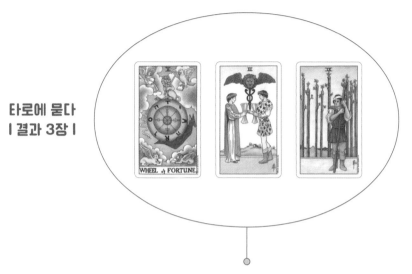

타로에 묻다
| 결과 3장 |

10번 운명의 수레바퀴 & 컵 2번 & 지팡이 9번

◈ **한 줄 분석** ◈

불륜에 관한 질문은 민감하다. 2장이나 3장을 뽑아서 공통점을 파악하는 것이 좋다.

◈ **리아의 해석** ◈

10번 운명의 수레바퀴

배우자의 삶에 운명처럼 새로운 이성이 들어왔다. 만나면서 다툴 때도 있지만 그렇더라도 그 상대가 좋다.

컵 2번

만나면 즐겁고 행복하다. 사랑의 소통이 잘되고 있다.

지팡이 9번

아내에게 의심받고 있다는 걸 알면서도 상대를 놓치고 싶지 않아 몰래 만남을 유지한다. 지키고 싶은 내 사람이라 생각한다.

◆ 상담 후기 ◆

내담자는 심증만 있었으나 물증을 확보하게 되었다고 한다. 그런데 배우자가 바람피우는 대상이 내담자도 알고 지내던 사람이라 충격이 더 컸다고 한다. 이혼을 준비하고 있다는 후기다.

◆ 기억하기 ◆

타로 78장 중 불륜이 아니라고 해석할 수 있는 카드를 알고 있으면 해석에 도움이 된다.

리아 타로
실전 사례 편

제2장

흐름

배열법

시간의 흐름에 따른 배열법이다. 과거, 현재, 미래의 시간이 흘러가는 순서대로 상황이 변화하며 나타난다. 흐름 배열은 시점을 정하여 1장에서 3장으로 나누어 뽑을 수 있다. 중요한 질문일 경우 흐름 뒤에 결과 카드를 1장 더 뽑는다면 조금 더 정확한 해석이 가능하다.

1. 흐름의 시점에서 과거를 참고

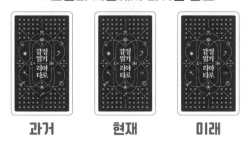

과거　　　현재　　　미래

2. 흐름의 시점에서 과거보다는 미래를 참고

현재　　　미래　　　미래
　　　　（가까운 미래）　（먼 미래）

40대 중반 내담자는 여러 달 동안 남편과 무언의 감정싸움을 하고 있었다. 어느 날 갑자기 남편이 집을 싸더니 본가로 갔다. 남편의 현재 상황이 궁금하다.

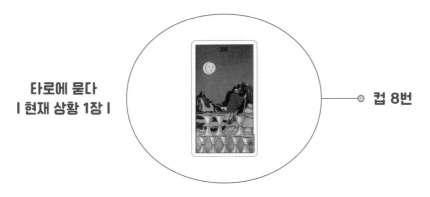

타로에 묻다
| 현재 상황 1장 |

컵 8번

◆한 줄 분석◆
컵 8번에서 세워져 있는 컵의 의미가 중요하다.

◆리아의 해석◆
크게 싸우지 않았지만 감정 소모로 인해 남편의 마음은 불편하다. 편안한 휴식을 원하는 마음이 떠나는 행동으로 이어졌다. 아내가 나가라고 한 것도 아니다. 그저 남편의 마음이 안정을 원했을 뿐이다. 다투고 나간 것이 아니기에 휴식이 끝나면 다시 돌아올 가능성이 있다.

◆상담 후기◆
한 달 후 남편이 집으로 돌아왔다는 후기다. 애초에 내담자가 나가라고 말한 것이 아니기에, 남편이 돌아왔을 때 역시 아무 말도 하지 않았다고 한다. 다행히 그 후에 일상을 회복했다고 한다.

◆기억하기◆
컵 8번은 돌아올 '가능성' 의미가 있다. 다시 말하면, 돌아올 수도 있고 돌아오지 않을 수도 있다. 이번 사례는 다시 돌아온 경우다.

수강생의 지인 남편은 경찰공무원으로 근무지 이동 기간이라 희망 근무지를 신청했다. 예민한 성격이라 걱정도 많고 발령 문제로 스트레스를 받고 있다. 신청한 희망 근무지로 발령이 날까?

타로에 묻다
I 현재 상황 1장,
결과 1장 I

검 9번
&
지팡이 9번

◆ 한 줄 분석 ◆
검 9번은 실체 없이 스트레스를 받는다.

◆ 리아의 해석 ◆
현재 상황 : 검 9번
희망 근무지로 발령이 안 될 것 같아 걱정하며 스트레스를 많이 받고 있다. 정기적인 근무지 이동 때마다 스트레스를 받을 수 있다. 또는 현재 근무지가 불편해서 스트레스를 받고 있는 것 같다.

결과 : 지팡이 9번
걱정과 달리 신청한 희망 근무지로 발령이 날 것이다.

◆ 상담 후기 ◆
다행히 희망 근무지로 발령이 났다고 소식을 전해주었다.

◆ 기억하기 ◆
지팡이 9번 카드 주인공이 이마에 띠를 두르고 있어 부정 의미로 오해하기도 한다. 오류를 고민하기 바란다.

타로 상점을 차릴 예정인 수강생이다. 같이 공부하는 지인이 타로 상점에서 상담을 같이 하자고 제안했다. 지인과 잘할 수 있을까?

타로에 묻다
| 현재 상황 2장 |

THE MOON.   THE HERMIT.

18번 달
&
9번 은둔자

✦ 한 줄 분석 ✦

"잘할 수 있을까?" 내담자의 질문에 뽑힌 2장의 카드는 두 가지 방향으로 해석이 갈라진다. 지인은 상담을 같이 하자고 제안했지만, 정확한 리딩을 위해 질문을 두 가지로 구분했다.

✦ 리아의 해석 ✦

첫 번째 질문 : '상담'을 잘할 수 있을까?

18번 달

상담에 있어 영적인 기운이 강한 의미로 상담을 잘할 수 있다.

9번 은둔자

역시 상담에 있어 영적인 기운이 강한 의미로 상담을 잘할 수 있으며, 기대하고 있는 내담자의 현재 상황이다.

두 번째 질문 : '운영'을 잘할 수 있을까?

18번 달

운영에 있어서는 모호함과 불안함이 있다.

9번 은둔자

소통이 어렵고 고립되는 상황으로 읽어야 한다. 그러므로 운영을 잘한다고 볼 수 없으며, 우려하는 내담자의 현재 상황이다.

✦ 상담 후기 ✦

수강생은 지인과 같이할 때 상담 부분보다는 실제로 운영이 잘 될지가 궁금해 질문했다고 전해주었다. 해석의 반전이 있었던 사례다.

✦ 기억하기 ✦

내담자의 질문 의도를 잘 파악해야 한다. 사소해 보이지만 질문의 차이를 느껴야 한다. 목적어에 의해 해석이 달라지기도 한다.

40대 초반 임신부다. 임신 5주 차 초음파 검사에서 난황과 태아가 안 보이는 텅 빈 아기집만 보았다. 나이가 많고 초산이라 걱정이 많다. 의사는 일주일 뒤에 다시 검사해보자 한다. 태아가 건강하게 잘 있을까?

타로에 묻다
l 흐름 2장,
결과 1장 l

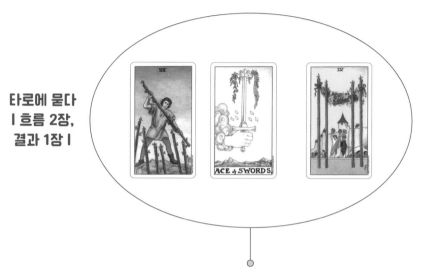

지팡이 7번 & 검 에이스 & 지팡이 4번

◆ 한 줄 분석 ◆
검 에이스와 지팡이 4번 해석이 중요하다.

◆ 리아의 해석 ◆
현재 : 지팡이 7번
보통 5주 차에 태낭이 6밀리미터 정도의 크기로 보인다면 정상적인 임신이라 간주한다. 그렇더라도 지팡이 7번이 뽑힌 것을 보아 힘겨운 상황임을 알수 있다.

미래 : 검 에이스
의미하는 것이 무엇일까? 고민이 필요하다. 원소가 검이기에 수술과 연결하여 유산으로 읽는 사람도 있다. 그러나 검이라고 해서 무조건 수술로만 해석

할 수는 없다. 임신 초기에 자궁 안에 수정란이 자리를 잡지 못하면 자연 유산이 되어 수술하지 않는다. 그렇다면 그림에서 검을 쥐고 있는 손처럼 태아는 엄마의 자궁에서 꽉 잡고 버티려 한다고 읽을 수도 있다. 하지만 결과 자리 지팡이 4번과 연결할 때 긍정으로 읽기가 어렵다.

결과 : 지팡이 4번
'리아의 타로 이야기' 밴드에서 처음에 사례를 접했을 때는 '무사하겠구나!' 라고 읽었다. 그러나 건강 질문에서 지팡이 4번은 '일시적'이라는 의미를 갖고 있다. 따라서 아기집에 태아가 보일 수 있지만, 지팡이 7번의 힘겨움과 연결하여, 검 에이스의 강한 의지더라도 태아는 아무래도 오래 버티지 못할 것 같다.

◆ 상담 후기 ◆
다행히 일주일 뒤에 아기집에 태아가 확인되었다고 한다. 그러나 한 달이 지나고 결국 유산되었다는 안타까운 소식을 접했다.

◆ 기억하기 ◆
건강 질문에서 검 원소가 모두 수술로 연결되는 것은 아니다.

수강생이 지인 사례로 상담을 요청했다. 여자 내담자다. 결혼할까?

타로에 묻다
| 흐름 2장,
결과 1장 |

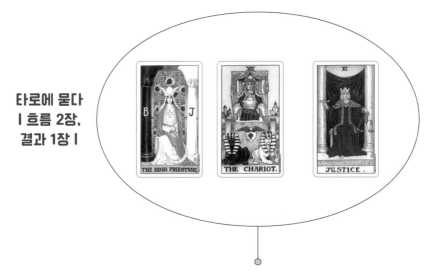

2번 여사제 & 7번 전차 & 11번 정의

✦ 한 줄 분석 ✦
질문이 의미심장하다. 질문 의도를 파악해보자.

✦ 리아의 해석 ✦
보통은 "결혼할 수 있을까?"를 묻는다. 그러나 내담자는 "결혼할까?"를 물었다. 질문의 차이가 느껴져야 한다.

현재 : 2번 여사제
토라의 결혼 문서 의미보다는 가슴앓이 의미가 먼저 떠오른다. 왜일까? 내담자의 질문에서 결혼할 상대는 있으나, 결혼하고 싶다는 바람보다는 결혼 자체가 고민이라는 게 느껴진다. 따라서 내담자는 상대와 결혼을 할지 말지 선택하고 싶은 마음이라는 것을 알 수 있다. 결혼에 있어 고민되는 사연이 있으리라 판단된다. 해석에 있어 중요한 부분이라 할 수 있다.

미래 : 7번 전차

2번 여사제의 사연과 가슴앓이는 이 카드에 있다. 이성 상대로 읽어 좋은 점도 있을 것이다. 하지만 막무가내로 앞만 보고 달려나가며 주변을 살피지 않는 성향은, 내담자의 인내심을 시험하는 상황으로 이어진다. 평소에는 괜찮지만 무언가에 꽂히게 되면 내담자는 안중에 없을 수 있다. 배려심이 없을 것으로 읽어진다.

결과 : 11번 정의

많이 고민하고 있다. 결혼할 수 없다.

✦ 상담 후기 ✦

2021년 1월에 상담하고 8월에 확인한 결과 결혼을 못 했다는 후기다.

✦ 기억하기 ✦

11번 정의를 법적 문서로만 읽을 것인가? 이 사례에서는 그렇게 읽을 수가 없다. 왜일까? 2번 여사제의 사연과 가슴앓이, 그리고 11번 정의의 고유 의미를 무시할 수 없기 때문이다.

11번 정의가 의미하는 '법'이란 무엇일까? 많은 분이 공정한 판결의 긍정 의미로만 알고 있지만 그렇지 않다. 양쪽 두 개의 원기둥과 똑바로 서 있는 검, 그리고 저울의 의미를 올바르게 알고 있어야 해석에 오류가 없다.

반영구 기술이 있는 내담자다. 베트남에 진출하기 위해 현지 동업자와 협의 중에 있다. 동업자와의 관계가 어떻게 진행될까?

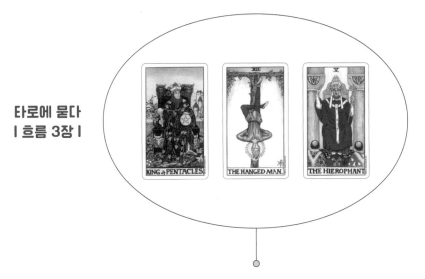

타로에 묻다
| 흐름 3장 |

펜타클 왕 & 12번 매달린 남자 & 5번 교황

◈ 한 줄 분석 ◈

12번 매달린 남자를 가운데 두고 양옆에 있는 펜타클 왕과 5번 교황이 흥미롭다. 12번 매달린 남자의 정체를 주도하는 사람이 펜타클 왕이자 교황이 될 것이다.

◈ 리아의 해석 ◈

과거 : 펜타클 왕

이해관계자 중 누구일까? 동업하는 부분에 있어 정확하게 따지고 계산하는 인물이다. 조건에 맞지 않으면 현재 자리 12번 매달린 남자와 연결하여 언제든지 진행을 멈추게 할 수 있다. 이해관계자 중 누가 펜타클 왕일까? 고민이 필요하다. 상담 시 내담자라는 답변을 들었다.

현재 : 12번 매달린 남자

흐름이 발전하거나 나아가지 못하고 제자리에 멈추어 있다. 현재 한쪽에서는 계약 내용이 마음에 들지 않아 보류한 상황이다. 정체를 주도하는 자가 누구일까? 좀 더 유리한 조건으로 계약을 성사시키기 위해 시간을 끌 것이다. 앞서 펜타클 왕이 내담자라는 답변을 들었으므로, 12번 매달린 남자의 정체를 주도하는 사람 역시 내담자다. 내담자는 견딜 수 있지만 동업자는 당하는 입장이기에 불편한 시기를 겪고 있을 것이다.

미래 : 5번 교황

갑과 을의 관계이다. 동등한 입장이 아닌 상하 수직적인 갈등 관계라 할 수 있다. 미래에는 정체 상황이 풀리게 될 것이다. 펜타클 왕인 내담자가 정체를 주도하고 있기에 앞으로 수익을 나눌 때도 교황의 갑 위치에서 원하는 방향으로 유리하게 사업을 진행하게 될 것이다.

◈ 상담 후기 ◈
내담자는 수익 배분에 있어 좀 더 유리한 조건으로 계약을 성사시키기 위해 동업자와 사업 진행을 잠시 멈춘 상태라고 한다.

◈ 기억하기 ◈
12번 매달린 남자와 5번 교황이 어느 입장인지 구분해야 한다.

자동차 접촉사고가 있었고 6개월가량 입원과 통원 치료를 받았다. 과실 차량 측 보험사에서 합의금을 제시하고 있으나, 기대치에 못 미쳐 보류하고 있다. 원하는 금액으로 합의가 이루어질까?

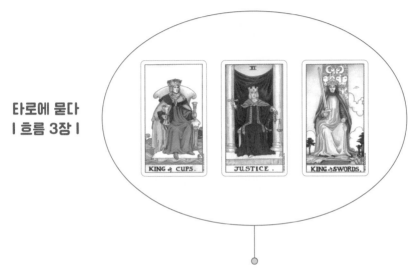

타로에 묻다
| 흐름 3장 |

컵 왕 & 11번 정의 & 검 왕

◆ 한 줄 분석 ◆

11번 정의를 해석하면 곧 합의가 될 것이다. 그러나 원하는 금액에 미치지 못한다.

◆ 리아의 해석 ◆

현재 : 컵 왕

이해관계자 중 누구일까? 내담자로 읽어 합의금을 많이 받고 싶다. 그러나 주장하지는 않는다.

미래 : 11번 정의

조만간 합의할 것이다. 내담자가 원하는 금액보다 불리하게 합의될 수 있다.

미래 : 검 왕

이해관계자 중 누구일까? 보험사로 읽어 칼자루를 쥐고 있는 것은 보험사이 므로, 11번 정의를 연결하여 내담자가 원하는 합의금을 받기는 어렵겠다.

✦ 상담 후기 ✦

상담한 다음 날 보험사에서 연락이 왔고, 내담자는 당시 500만 원의 합의금 을 제시하였다. 보험사는 450만 원까지만 지급할 수 있고, 그 이상은 안 된 다고 하여 450만 원에 합의했다는 후기다.

✦ 기억하기 ✦

11번 정의는 갈등을 드러내고 분쟁을 조정해 곧 결정이 난다는 의미가 있다.

수강생의 대학생 자녀가 컴퓨터 활용 시험을 보았다. 자격증 시험에 합격할까?

타로에 묻다
| 흐름 3장 |

지팡이 여왕 & 검 기사 & 지팡이 7번

✦ 한 줄 분석 ✦
현재 자리의 검 기사 해석이 중요하다. 질문한 시점을 감안해서 해석해야 한다.

✦ 리아의 해석 ✦
과거 : 지팡이 여왕
이해관계자 중 누구일까? 자녀로 읽어 어느 정도 자신감 있게 준비하고 시험을 치른 과거였다.

현재 : 검 기사
이해관계자 중 누구일까? 자녀로 읽어 시험을 보고 난 후 합격 발표를 기다리며 뽑은 현재 상황이다. 시험 치르기 전의 준비가 미흡하거나 또는 마음

이 앞선 상황으로 읽기보다는, 과거 자리의 지팡이 여왕과 연결하여 시험에 합격할 거라는 나름의 자신감으로 읽어야 한다.

미래 : 지팡이 7번
힘겨운 상황이지만 1~2점 차로 턱걸이 합격을 예상한다.

◈ 상담 후기 ◈
3점 턱걸이로 합격했다고 한다. 덧붙여 1~2점 차 해석을 어떻게 하는지 궁금하다고 질문해주었다.

◈ 기억하기 ◈
과거 자리 지팡이 여왕과 현재 자리 검 기사의 긍정 의미를 연결하여 미래 자리 고군분투하는 지팡이 7번 의미에서 긍정과 부정의 갈림을 턱걸이 합격으로 연결할 수 있다.
지팡이 여왕과 검 기사 카드를 부정 의미로 알고 있는가? 코트(인물) 카드의 온전한 의미를 고민해야 한다.

리아 타로
실전 사례 편

제**3**장

과정과
결과 배열법

이 배열에서는 결과만큼 과정도 중요하다. 과정은 일이 되어 가는 경로로 결과의 원인이 되기도 한다. 다시 말하면, 결과에 영향을 준 원인을 과정 자리에서 파악하고, 그 원인에 의해 결과적으로 일어난 일을 설명한다. 과정 카드는 1장에서 2장으로 나누어 뽑을 수 있다. 결과 카드도 여러 장을 뽑을 수 있으나 1장으로 뽑아서 해석하는 게 좋다.

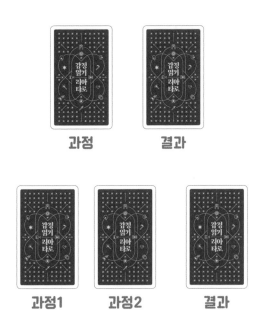

과정   결과

과정1   과정2   결과

심사 후 보험금이 나온다고 하는데 생각보다 늦어지고 있다. 보험금 지급 금액이 어느 쪽으로 결정될까?

타로에 묻다
| 과정 1장, 결과 1장 |

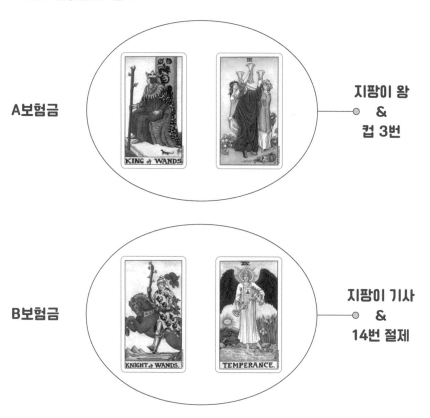

A보험금 … 지팡이 왕 & 컵 3번

B보험금 … 지팡이 기사 & 14번 절제

◆ 한 줄 분석 ◆
A보험금과 B보험금 지급 금액이 다를 것이다.

추가적인 정보 없이 타로만 참고할 때 B보험금이 더 높고, 상대적으로 A의 보험금이 낮을 것으로 판단된다.

A보험금

과정 : 지팡이 왕

이해관계자 중 누구일까? 내담자로 읽어 보험금을 무난하게 받을 수 있다.

결과 : 컵 3번

보험금을 수령하고 즐거운 모습이다.

B보험금

과정 : 지팡이 기사

이해관계자 중 누구일까? 내담자로 읽어 보험금 지급 금액이 더 많아 받고 싶다. 하지만 그렇게 되지 않을 것 같아 불안하다. 빨리 결정되기를 바라는 마음이다.

결과 : 14번 절제

받고 싶은 마음과 달리 절제해야 하는 상황이다. 따라서 보험금을 받지 못한다.

◆ **상담 후기** ◆

"A보험금은 2,000만 원이고, B보험금은 5,000만 원 정도예요. 금액 차이가 크지만 A보험금으로 결정 나더라도 재심사를 요구할 생각은 아니에요."
2주 뒤에 보험 담당자로부터 A보험금으로 최종 결정되었다고 연락받고 오후에 입금되었다는 후기를 남겨주었다.

◆ **기억하기** ◆

과정 자리의 두 코트(인물) 카드 의미를 비교해 보자. 그리고 14번 절제 의미를 잘 적용하기 바란다.

연애 경험이 없는 30대 초반 여자 내담자다. 소개받은 남자와 두 번째 만나기로 했다. 그 사람과의 만남이 계속 이어질까?

**타로에 묻다
l 과정 2장,
결과 1장 l**

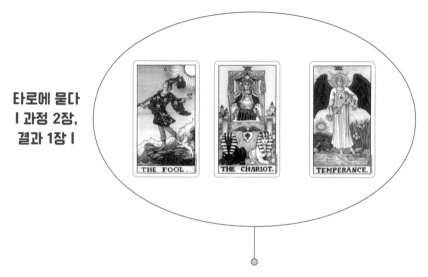

0번 광대 & 7번 전차 & 14번 절제

◆ 한 줄 분석 ◆
메이저 0번 광대와 7번 전차는 '상황' 또는 '인물' 두 가지 방향으로 해석이 달라질 수 있다.

◆ 리아의 해석1 ◆
과정1 : 0번 광대
가볍게 만남을 시작한다.

과정2 : 7번 전차
점점 매력에 이끌려 나의 사람으로 만들고 싶은 의지가 생긴다.

결과 : 14번 절제

그림에서 들고 있는 컵의 물이 섞이는 것처럼 서로의 성향을 절제하며 밀접한 연인 관계로 만남이 계속 이어지겠다.

◆ 리아의 해석2 ◆

과정1 : 0번 광대

가벼운 만남을 원하는 인물이다. 그렇다면 두 명 중에 누구일까?

과정2 : 7번 전차

매력에 이끌려 나의 사람으로 만들고자 하는 의지가 있는 인물이다. 역시 두 명 중에 누구일까?

결과 : 14번 절제

그림에서 들고 있는 컵의 물이 섞이는 것처럼 한 번 섞이면 다시 분리되기 어렵다. 그렇기에 신중하게 만남을 고민해야 한다. 서로 섞이기를 바란다면 더없이 좋으나, 인물의 성향이 달라서 한쪽에서만 섞이기를 바란다면 아쉬운 상황이 될 수 있다. 이 만남은 이어지지 못한다.

◆ 상담 후기 ◆

두 번째 만남 이후 헤어졌다고 한다. 한쪽에서는 계속 만나고 싶었지만 다른 한쪽에서는 원하지 않았다는 후기다.

◆ 기억하기 ◆

첫 번째 리딩으로 해석하여 후기가 맞지 않았던 사례다. 타로가 안 맞는 것이 아니라 온전하게 해석하지 못한 경우다.

수강생이 지인의 사례로 상담 요청했다. 3개월 안에 결혼할 수 있을까?

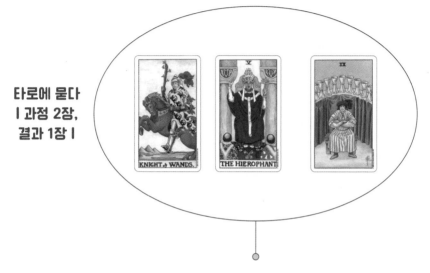

타로에 묻다
ㅣ과정 2장,
결과 1장ㅣ

지팡이 기사 & 5번 교황 & 컵 9번

◆ **한 줄 분석** ◆

"~ 할 수 있을까?" 하는 질문의 유형은 선택이 아닌 기다려야 하는 의미가
있다. 결과 자리 컵 9번의 해석이 중요하다.

◆ **리아의 해석** ◆

과정1 : 지팡이 기사

이해관계자 중 누구일까? 지팡이 기사가 누구든 3개월 안에 결혼을 서두르
고자 한다. 상대를 많이 좋아하나 보다. 그러나 서두르는 만큼 준비가 미흡
하다고 읽을 수 있다.

과정2 : 5번 교황

결혼이라는 의미가 있다. 소개받아서 결혼으로 이어진다고 읽을 수도 있다.
사랑이라는 감정보다 경제적인 부분이나 다른 조건이 맞아 결혼을 생각했
을 수 있다.

결과 : 컵 9번

결혼해도 되겠다 싶은 만족스러운 상황이다. 그러나 두 번째 과정 자리에 결혼 의미가 있는 5번 교황임에도 불구하고 결과적으로 결혼할 수 없다. 왜일까? '우리의 만족'이 아니라 '나만의 만족'으로 끝나는 아쉬움이 있기 때문이다.

◆상담 후기◆

6개월 후 확인한 결과 결혼하지 못했다.

◆기억하기◆

예로부터 '결혼은 인륜지대사'라 하였다. 인륜지대사란 인간의 일생에서 치르게 되는 '큰 행사'를 가리키며 관혼상제를 지칭한다. 관(冠)은 성인식, 혼(婚)은 혼인, 상(喪)은 장례, 제(祭)는 제사를 의미한다.

컵 9번은 결혼할 수 있는 힘이 부족하다.

수강생의 아들이 만나던 연상의 여자친구가 동시에 다른 이성을 만나 헤어졌다고 한다. 앞으로 둘의 관계가 궁금하다. 정말 헤어졌을까?

타로에 묻다
| 과정 2장,
결과 1장 |

지팡이 시종 & 지팡이 여왕 & 컵 10번

◈ 한 줄 분석 ◈
코트(인물) 카드는 '이해관계자 중 누구인가?'에 따라 해석이 달라진다. 성별로 일차적인 대입을 할 수 있으나 오류가 생긴다.

◈ 리아의 해석 ◈
과정1 : 지팡이 시종
이해관계자 중 누구일까? 아들일 경우 새로운 이성을 만나고자 시도한다.

과정2 : 지팡이 여왕
이해관계자 중 누구일까? 여자친구일 경우 헤어진 아들과 다시 만나기 위해 노력한다.

결과 : 컵 10번
헤어지는 의미가 없다. 두 사람은 다시 만난다.

✦ 리아의 해석2 ✦

과정1 : 지팡이 시종

이해관계자 중 누구일까? 여자친구일 경우 헤어지기 전 동시에 만났던 다른 이성을 계속 만나는 시도를 한다.

과정2 : 지팡이 여왕

이해관계자 중 누구일까? 아들일 경우 헤어진 여자친구와 다시 만나기 위해 노력한다.

결과 : 컵 10번

헤어지는 의미가 없다. 두 사람은 다시 만난다.

✦추가 질문✦

다시 만나기 위해 지팡이 여왕으로 노력하는 사람이 누구일까?

갈라서 보기를 해본다.

아들이 지팡이 여왕인가? ▸ 펜타클 6번

여자친구가 지팡이 여왕인가? ▸ 검 9번

아들이 지팡이 여왕 : 펜타클 6번
주도하는 자의 선택에 달렸다. 아들은 여자친구가 마음에 들면 다시 만나고, 마음에 안 들면 새로운 사람을 만나겠다는 주도권을 갖고 있다. 따라서 아들이 노력하지 않는다.

여자친구가 지팡이 여왕 : 검 9번
동시에 다른 이성을 만나 헤어지는 원인을 제공한 여자친구는 스트레스가 이만저만이 아니다. 왜일까? 지팡이 여왕으로 보아 헤어진 남자친구를 다시 만나고 싶지만, 남자친구가 싫다고 하면 어쩌나 걱정이 많다. 따라서 여자친구가 노력할 것이다.

◈ **상담 후기** ◈
며칠이 지나 아들에게 물어보니 여자친구가 다시 만나자고 했다는 후기다. 이후 한 달 뒤 수업에서 놀라운 이야기를 들었다. 아들에게 관심 있던 선배가 만나보자고 했다는 것이다. 아들도 호감이 가서 그러고 싶었지만, 헤어진 여자친구가 붙잡아 선배를 정리했다는 후기다. 덧붙여 아들에게 새로운 이성이 있을까 싶었는데 신기했다는 소감을 전해주었다.

◈ **기억하기** ◈
아들을 지팡이 시종으로 읽는 게 맞다. 헤어진 후 새로운 이성을 만나려고 시도하지만 지팡이 여왕의 노력으로 두 사람이 다시 만난다고 읽어야 한다.

건강검진에서 대장 샘종(선종)으로 판단되지만, 정밀검사 권유로 국립암 센터에 입원한 60대 후반 내담자다. 대장암일까?

타로에 묻다
| 과정 2장,
결과 1장 |

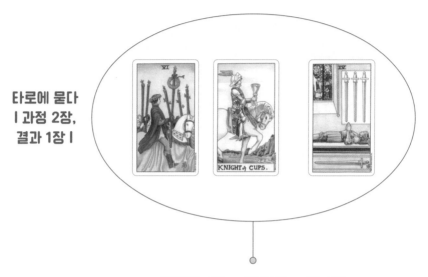

지팡이 6번 & 컵 기사 & 검 4번

✦ 한 줄 분석 ✦
검 4번 해석이 중요하다.
회복과 치유를 위한 휴식이며 암이 아니다. vs 질병을 논할 수 있는 암이다.

✦ 리아의 해석1 ✦
과정1 : 지팡이 6번
미리 발견해서 기쁨.

과정2 : 컵 기사
천천히 진행되어 안도.

결과 : 검 4번

할 수 있는 것이 없으며 무기력한 상태로 쉬어야 하는 의미가 있다. 과정에서 미리 발견된 것과 진행 속도가 느린 것을 감안하고, 회복 가능한 의미가 있기에 초기 암 진단으로 읽겠다.

◆상담 후기◆

생각보다 혹이 커서 주변까지 잘라내는 수술을 하고, 일주일 뒤 조직 검사 결과 '상피내암(제자리암)' 진단을 받았다고 한다.

◆기억하기◆

'상피내암(제자리암)'은 암세포의 증식이 아직 주변 조직으로 침범하지 못하고 활동을 시작하지 않은 상태다. 그렇더라도 암세포인 것은 분명하다. 이처럼 검 4번 의미에서 회복과 치유를 언급한다. 회복이란 떨어진 체력이 원상태로 되돌아오는 것이며, 휴식을 해야 하는 상황은 건강상 우려가 있을 수 있다. 또한 치유란 치료하여 병을 낫게 하는 것이다. 따라서 가벼운 질병이더라도 치료해야 하는 상황이다. 여러분이 아는 내용에 오류가 있다면 바로잡기를 바란다.

리아 타로
실전 사례 편

제**4**장

양자택일
배열법

양자택일 배열법은 제3장 '과정과 결과 배열법'에 포함되기도 한다. 이 배열 역시 결과만큼 과정도 중요하다. 차이가 있다면 A와 B의 선택 대상이 다를 때 양자택일 배열을 사용한다. 대상이 여러 개일 때 삼자택일, 사자택일 등의 배열로 활용할 수 있다. 주의할 점은 질문의 대상이 하나일 때는 양자택일 배열을 사용하지 않는다. 예를 들어 "퇴사를 할까? 말까?"는 양자택일 배열과 맞지 않는다.

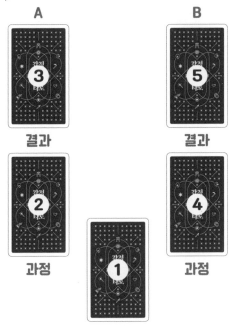

1번 고민되는 현재 상황
뽑힌 카드에서 고민 여부를 파악할 수 있는 중요한 자리이다. 이후 어느 쪽을 선택할지 해석이 수월해진다.
2번 A대상 과정   3번 A대상 결과   4번 B대상 과정   5번 B대상 결과
이 순서대로 카드를 뽑는다.

거주 중인 집을 부동산을 통해 매도하였다. 현재 살고 있는 경기도에서 전세를 알아볼지, 서울에서 새 아파트를 매수할지 고민이다. 어느 쪽을 선택하면 좋을까?

타로에 묻다
ㅣ 양자택일 배열 ㅣ

경기도 전세　　　　　　서울 매수

✦한 줄 분석 ✦

고민되는 현재 상황 자리를 눈여겨 해석해야 한다. 고민되는 상황인지 고민되지 않는 상황인지 파악이 가능하다.

고민되는 현재 상황 : 지팡이 9번

내담자는 지역에 대한 고민이 없다. 경기도에서 계속 살고 싶다. 고민이 이미 끝났다는 말이다.

경기도 전세

과정 : 12번 매달린 남자

그러나 전세 물량이 많지 않다. 골라서 계약할 수 있는 상황은 아니다.

결과 : 지팡이 기사

이해관계자 중 누구일까? 내담자로 읽어 현재 살고 있는 경기도에 전세 계약하기 위해 서두른다. 선택의 폭이 좁아 만족스럽지 않은 결과를 가져올 수 있다.

서울 매수

과정 : 컵 10번

지리적인 장점과 새 아파트에 대한 기대감이 있다.

결과 : 검 왕

내담자는 경기도를 선호하지만 서울을 주장하는 검 왕이 있다. 이해관계자 중에 누구일까? 남편이라는 답변이다.

◈ 상담 후기 ◈

"새 아파트도 좋지만 살던 동네가 편하다고 남편을 설득했어요. 경기도에 전세 물량이 적어 급하게 결정한 집에 가계약금을 걸었죠. 그런데 얼마 뒤 계약된 집의 세입자 문제로 가계약금을 돌려받고 계약 취소가 되었어요. 바로 아파트 매수로 방향을 바꿔 같은 동네에 두 달간 비어 있던 집을 계약하게 되었습니다. 그리고 수리비가 생각보다 많이 나와 예상하지 못했던 비용의 지출도 있었어요"라고 후기를 남겨주었다.

◈ 기억하기 ◈

지팡이 기사는 행동의 결과가 만족스럽지 못하다는 의미가 있다.

고등학교 1학년 딸이 기숙사에서 생활하고 있다. 앞으로 집에서 학교를
다닐지 그대로 기숙사 생활을 할지 고민이다. 어느 쪽을 선택하면 좋을까?

타로에 묻다
| 양자택일 배열 |

✦ 한 줄 분석 ✦

컵 2번 해석이 중요하다. 고민하는 유형의 카드인가?

고민되는 현재 상황 : 컵 2번

새로운 방향으로 서로 소통한다는 의미로 해석하겠다. 기존처럼 기숙사에서 생활하는 것보다는 집에서 통학을 생각한다.

기숙사

과정 : 2번 여사제

실망이든 오해든 한번 생기기 시작한 상처는 쉽게 낫지 않는다. 여사제는 아픔을 드러내는 성향이 아니다 보니 학기 초부터 기숙사 생활을 하는 동안 받은 상처가 조금씩 곪은 듯하다.

결과 : 4번 황제

기숙사 생활을 계속하다 보면 조금씩 안정을 되찾고 성적도 오를 수 있다. 그러나 2번 여사제와 연결하여 외로운 황제다. 스트레스가 있을 것 같다.

집

과정 : 펜타클 9번

집에서 다녀도 얼마든지 공부할 수 있다.

결과 : 펜타클 에이스

어느 정도 성과도 있겠다. 따라서 고민되는 현재 상황 자리 컵 2번과 연결하여 새롭게 집에서 통학할 것이다.

◆ **상담 후기** ◆

그동안 기숙사 룸메이트와 갈등으로 힘들었다고 한다. 결국 집에서 통학하며 학원을 다니기로 결정했다고 전해주었다.

◆ **기억하기** ◆

컵 2번은 서로 컵을 맞교환한다는 의미가 중요하다.

수강생의 지인으로 공인중개사 시험을 준비하고 있다. 학원을 다니려고
하는데 세 곳 중에 A학원은 수강료가 가장 비싸서 엄두를 못 내고, M학원
이나 B학원을 고민하고 있다. 세 학원 중 어느 학원을 선택하면 좋을까?

타로에 묻다
| 삼자택일 배열 |

M학원	B학원	A학원

✦ 한 줄 분석 ✦
컵 6번 파악이 중요하다. 고민되는 상황인가?

85

✦ 리아의 해석 ✦

고민되는 현재 상황 : 컵 6번

학원 선택의 고민이 없다. 이미 내담자가 생각하는 기준이 있다는 것이다. 어느 학원을 가는 게 좋다고 조언해도 크게 의미가 없다. 이 사례의 포인트는 M학원 결과 자리 11번 정의와 B학원 과정 자리 펜타클 7번이다. 왜 뽑혔는지 의미를 꼭 살펴야 한다. 사연과 연결된 내용이 해소되면 그 이후에 내담자는 선택하게 될 것이다.

M학원

과정 : 21번 마법사

좋은 점이 있다.

결과 : 11번 정의

그럼에도 내담자가 걱정하고 망설이는 이유가 있을 것이다.

B학원

과정 : 펜타클 7번

만족스럽지 못한 이유가 있을 것이다.

결과 : 컵 왕

마음에 걸리는 그 부분이 컵 왕이 선택하지 못하고 망설이는 이유가 된다.

A학원

과정 : 4번 황제

규모도 있고 안정적인 학원이라 읽을 수 있다.

결과 : 펜타클 여왕

이해관계자 중 누구일까? 내담자로 읽어 위에서 이야기한 것처럼 수강료가 가장 비싸다 보니 내담자의 지출이 많을 거라 읽어야 한다. 내담자가 수강료의 부담을 느껴 선택에서 제외하기로 한 학원이다.

✦중간 후기✦

조언하기 위해 11번 정의와 펜타클 7번에 해당하는 사연을 물어보았다. 내담자는 B학원이 직장에서 가장 가까워 다니기 편하지만, 혼자 밥을 먹는 게 싫어 선택을 망설였다고 한다. 그 부분이 펜타클 7번으로 설명되고 있다.

그리고 M학원은 직장에서 좀 멀지만 지인이 등록하려는 학원이다. 같이 공부도 하고 혼자 밥을 먹지 않아도 되는 좋은 점이 있다. 그러나 지인이 확실하게 결정하지 않아 내담자가 스트레스를 많이 받는다고 했다. 그 부분이 11번 정의로 설명되고 있다.

사연을 듣고 나니 지인이 M학원에 다니지 않는다면 역시 혼자 밥을 먹어야 한다. 그렇다면 직장에서 가까운 B학원을 선택하는 게 나을 수 있다.

이 사례에서 중요한 부분은 내담자의 학원 수강 선택의 열쇠는 바로 지인에게 있다는 것이다. 고민되는 현재 상황에서 컵 6번이 나온 이유다.

내담자는 지인이 수강을 결정하면 같은 학원으로 등록하려는 기준으로 타로를 뽑은 것이다. 그렇다면 지인의 M학원 수강 여부를 추가 질문하면 좋겠다는 조언을 해주었다.

✦상담 후기✦

얼마 후 지인이 M학원으로 결정하여 같이 접수했다는 후기다.

✦기억하기✦

타로를 점을 보는 도구보다는 상담의 도구로 내담자의 상황을 이해하고 조언하는 방향으로 사용해야 한다.

리아 타로
실전 사례 편

제5장

말발굽
배열법

말의 발굽 모양 배열로 '말편자 배열'이라고도 한다. 각 자리마다 의미가 있으며, 조금씩 다르게 응용할 수도 있다. 내담자와 소통을 잘할 수 있는 의미로 활용하면 된다.

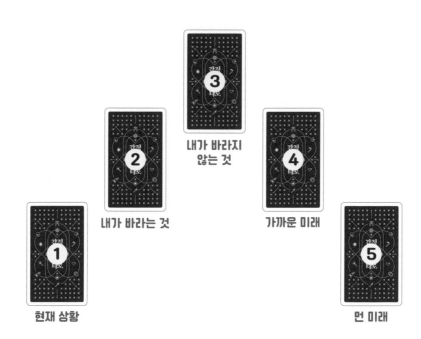

1번 현재 상황
질문하고 있는 현재 상황을 의미한다.

2번 내가 바라는 것
뽑힌 카드의 내용으로 어떤 일이나 상태가 이루어지거나 그렇게 되었으면
하고 바라는 것을 의미한다.

3번 내가 바라지 않는 것
뽑힌 카드의 내용으로 어떤 일이나 상태가 그렇게 되는 것을 원하지 않음을
의미한다.

4번 가까운 미래
앞으로 다가올 짧은 시간의 미래 상황을 의미한다.

5번 먼 미래
앞으로 다가올 시간상 좀 더 먼 미래 상황을 의미한다.

남편 환갑 기념으로 시댁과 일박 여행을 계획 중이다. 남편은 함께 가길 원하지만 내담자는 같이 가고 싶지 않아서 질문하였다. 시댁과 함께 여행을 가게 될까?

타로에 묻다
| 말발굽 배열 |

✦ 한 줄 분석 ✦

바라는 것 자리 펜타클 5번과 먼 미래 자리 지팡이 5번이 부정 의미를 담고 있더라도 해석의 관점을 다르게 봐야 한다.

✦ 리아의 해석 ✦

현재 상황 : 3번 여황제

편안함을 누리고 싶다. 시댁과 여행 가면 이것저것 신경 쓰고 힘들게 뒷수발만 하니 안 가고 싶다.

내가 바라는 것 : 펜타클 5번
힘들어지고 싶다. 안 가는 결정을 하면 갈등이 생겨 힘들 수 있지만 그렇더라도 안 가기를 바란다.

내가 바라지 않는 것 : 지팡이 에이스
여행을 가고자 행동하는 것을 바라지 않는다. 나를 위한 결정이 아니다.

가까운 미래 : 21번 세계
곧 마무리 지어진다.

먼 미래 : 지팡이 5번
마무리는 시댁과 같이 일박 여행을 가게 될 것이다. 바라지 않는 대로 일이 진행되어 다소 속상하다.

✧상담 후기✧
내담자가 수강생이어서 여행을 며칠 앞두고 후기를 들을 수 있었다. 내담자의 의사를 존중해 주는 남편이기에 안 가는 결정을 했다고 전했다. 그런데 "며칠 동안 남편 때문에 기분이 좋지 않았는데 갑자기 화해의 의미로 여행을 같이 가자고 하더라고요. 안 간다고 하면 안 좋은 상황이 오래가겠다 싶었어요. 타로를 뽑았어도 고민의 여지 없이 여행을 가지 않겠다는 마음이었는데 의도치 않게 가게 되었어요"라고 후기를 다시 듣게 되었다.

✧기억하기✧
후기는 질문의 상황이 종료될 때까지 지켜봐야 한다.

애인이 나에게 금전적인 도움을 주나?

타로에 묻다
| 말발굽 배열 |

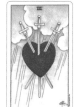

✦ 한 줄 분석 ✦
질문이 의미심장하다. 질문의 의도를 파악해보자.

✦ 리아의 해석 ✦
금전적인 도움이 용돈을 의미하는지 궁금하다. 현재 상황 자리 컵 6번은 과거와 연결점이 있다. 도움이 과거에서부터 이어져 왔음을 알 수 있다.

현재 상황 : 컵 6번
과거에 금전적인 도움을 받은 적이 있어 현재도 받을 거라 기대하고 있다.

내가 바라는 것 : 검 3번

상처받기를 원한다. 그 의미는 차라리 애인이 금전적인 도움을 주지 않기를 바라는 것과 같다. 왜일까? 이미 마음에 들지 않는 부분이 있기에 애인이 금전적인 도움을 주지 않는다면 이참에 끝내려는 것이라고 읽을 수 있다. 또는 상대가 원하는 것을 주지 않으면서, 내담자가 받은 상처를 똑같이 되돌려주려는 것일 수도 있다.

내가 바라지 않는 것 : 펜타클 7번

금전적인 도움의 규모가 작은 것을 바라지 않는다. 이왕 애인이 도움을 주려면 내담자가 생각하는 규모여야 한다.

가까운 미래 : 3번 여황제

금전적인 도움을 넉넉히 받는다고 읽을 수 있다.

먼 미래 : 펜타클 왕

이해관계자 중 누구일까? 내담자로 읽는다면 애인에게 금전적인 도움만 받고 싶다. 내담자 기준에 만족되면 계속 만나고, 만족스럽지 못하면 헤어지려는 계산일 수 있다.

애인으로 읽는다면 금전적으로 베푸는 만큼 내담자에게 요구사항이 많아질 수 있다. 그리고 펜타클 왕이 까다로운 인물은 맞지만 마음에 들면 더없이 내담자에게 잘해줄 것이다.

✦상담 후기✦

'리아의 타로 이야기' 밴드에 게시된 사례였으나 탈퇴로 답변을 듣지 못했다.

✦기억하기✦

3번 여황제와 펜타클 왕 관계에서 스폰서(후원자)를 연결할 수도 있다.

현재 직장생활에서 소통이 어려워 상처가 있는 내담자다. 이직할 수 있을까?

타로에 묻다
ㅣ말발굽 배열ㅣ

✦한 줄 분석✦
내가 바라는 것 자리와 내가 바라지 않는 것 자리의 해석이 중요하다.

✦리아의 해석✦
현재 상황 : 펜타클 8번
부족한 부분을 채우려 차근차근 노력하며, 조건에 맞는 회사를 열심히 찾고
있다.

내가 바라는 것 : 검 왕
이해관계자 중 누구일까? 내담자로 읽어 퇴직하는 상황을 주도하고 싶다. 사
직서도 척척 내고 원하는 곳으로 이직도 하고 말이다.

내가 바라지 않는 것 : 지팡이 8번
이직하려면 준비할 것이 많아 급하게 흘러가는 것을 바라지 않는다.

가까운 미래 : 검 3번
아무래도 가까운 시일 내에 이직은 쉽지 않아 보인다.

먼 미래 : 지팡이 5번
안타깝지만 노력과 달리 시간이 흘러도 이직은 어려울 것 같다.

✦상담 후기✦
'실전 심화 마스터 과정 수업'에서 연습한 사례로 후기는 없다. 수업에 참여해 리딩해주신 수강생 분들에게 감사하다.

✦기억하기✦
내가 바라는 것 자리에 부정 카드가 뽑히면 해석할 때 어려움이 있다. 반대로 내가 바라지 않는 것 자리에 긍정 카드가 뽑히는 것 역시 해석이 어려울 수 있다. 신중한 해석이 필요하다.

수강생의 사례를 상담했다. 50대 후반의 여자 내담자이다. 남편과 정말 살기 싫은데 올해(2022년) 안에 이혼할 수 있을까?

타로에 묻다
| 말발굽 배열 |

◆ 한 줄 분석 ◆
이혼이 가능하다고 읽을 수 있는 카드가 없다.

◆ 리아의 해석 ◆
현재 상황 : 검 2번

이혼 생각은 간절하다고 읽을 수 있다. 그러나 이런저런 현실적인 문제가 있어 스트레스를 많이 받고 있다. 결혼 생활 유지와 이혼 중에 어느 쪽 결정이든 결코 가볍지 않다. 갈팡질팡한 상태로 확실한 결심을 한 것은 아니다.

내가 바라는 것 : 펜타클 여왕

이해관계자 중 누구일까? 내담자로 읽어 이혼 후 자리 잡을 때 필요한 만큼의 금전적인 재산 분할을 원한다.

내가 바라지 않는 것 : 검 기사

이해관계자 중 누구일까? 남편으로 읽어 책임감이 있는 카드로 이혼해주지 않을 것 같아 걱정된다.

가까운 미래 : 지팡이 왕

이해관계자 중 누구일까? 내담자로 읽는다면 이혼 준비를 한다.

남편으로 읽는다면 바라지 않는 것 자리 검 기사와 연결할 수 있다. 이제라도 책임감을 느껴 남편 노릇을 한다고 읽을 수 있다. 먼 미래 자리 펜타클 7번을 감안해 지팡이 왕은 내담자라기보다는 남편으로 읽어야 한다.

먼 미래 : 펜타클 7번

이혼하지 못하고 결혼 생활을 유지하게 된다. 계속해서 금전적인 문제가 발생할 것이다. 이혼 사유로 내가 바라는 것 자리의 펜타클 여왕과 연결하여 금전적인 부분이 크게 차지한다고 읽을 수 있다.

◆상담 후기◆

"남편은 자신이 사고 싶은 것, 하고 싶은 것을 다 하면서 6년째 생활비를 한 푼도 주지 않아요. 쉬는 날에도 자주 외출하고요. 생활비를 주지 않으니 친정에 돈을 빌리며 빚만 늘어가고 있어요. 자녀들은 이혼 문제도 원하는 대로 하라고 합니다. 얼마 전에는 남편이 기다려 보라며 얼마의 생활비를 주겠다고 약속했어요."

두 달이 지나고 다시 확인한 결과, 남편은 생활비를 주긴 하였으나 그것만으로는 턱없이 부족하다. 내담자는 모아둔 돈도 다 쓰고 더 이상 친정에서도 도움을 받을 수 없다고 했다. 그렇지만 이혼 후의 삶이 막막해 이혼하지 않기로 결정했다고 전해주었다.

◆기억하기◆

타로 78장 중 이혼으로 읽을 수 있는 카드는 몇 장밖에 되지 않는다. 그 카드가 무엇인지 고민이 필요하다.

리아 타로
실전 사례 편

제**6**장

매직 세븐
배열법

1. 매직 세븐 배열 의미

시간의 흐름이 반영되어 있다. 흐름 뒤에 모든 자리를 아우르는 결과 자리가
있다.

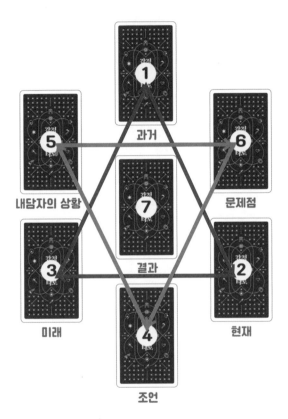

1번 과거

현재 상황이 일어나기 이전의 과거 상황을 의미한다.

2번 현재

질문하는 지금의 현재 상황을 의미한다.

3번 미래

앞으로 다가올 미래 상황을 의미한다.

4번 조언(해결책, 실마리)

현재에 머물며 좀 더 쉽게 문제를 해결할 수 있는 실마리를 의미한다.

5-1번 내담자의 상황·주변 환경 중 선택

질문의 이해관계자가 없을 때 현재에 머물며 내담자의 상황이나 주변 환경이 미치는 영향을 의미한다.

5-2번 상대의 상황·주변 환경 중 선택

질문의 이해관계자가 있을 때 현재에 머물며 상대의 상황이나 주변 환경이 미치는 영향을 의미한다.

6번 문제점(장애물)

현재에 머물며 직접적인 영향을 미치는 부정적인 요인을 의미한다.

7번 결과(최종 결과)

1번 과거, 2번 현재, 3번 미래, 5번 상황·주변 환경, 6번 문제점 자리를 모두 아우르는 미래의 최종 결과를 의미한다.

2. 매직 세븐 배열 개념

1번, 2번, 3번의 정삼각형 ▸【시간의 흐름 변화】

정삼각형을 이루는 자리는 시간적인 배열로 불, 양, 남자, 상승을 의미한다.

4번, 5번, 6번의 역삼각형 ▸【질문의 현재에 머물며 공간적인 상호 영향】

역삼각형을 이루는 자리는 공간적인 배열로 물, 음, 여자, 하강을 의미한다.

4번 조언 ▸ 최종 결과 자리까지 해석한 후 참고해서 읽어야 한다.

고등학교 1학년 아들의 기말고사 성적이 궁금하다. 전교 1등을 하면 상금으로 200만 원을 주기로 약속했다. 전교 1등이 가능할까?

타로에 묻다
| 매직 세븐 배열 |

◆**한 줄 분석** ◆

타로를 뽑은 시점은 시험을 치른 후라는 걸 감안해야 한다. 조언 자리 지팡이 9번 해석이 중요하다.

◆ 리아의 해석 ◆

과거 : 컵 5번

시험을 치르기 전에 1등을 못할 수도 있다는 좌절감이 표현되었다. 그러나 세워져 있는 컵 두 개의 희망이 남아 있다.

현재 : 펜타클 2번

시험을 치르고 난 후에는 기대하며 자신만만하다. 그러나 1등을 할 수 있는 편안한 상황은 아니다.

미래 : 펜타클 왕

이해관계자 중 누구일까? 내담자라면 약속한 상금을 줘야 하니 계산적이 된다. 한편으로 아들이 1등을 기대할 만큼 공부를 잘한다는 게 기분 좋다. 아들이라면 1등이 아니어도 등수가 잘 나올 테니 일부라도 상금을 받아야 한다고 생각한다. 누가 됐든 자신에게 유리한 쪽으로 계산하게 된다고 볼 수 있다. 그래서 전교 1등이 아니어도 상금을 주는지 내담자에게 확인하였다. 1등이 아니어도 상금 100만 원을 준다는 답을 들었다.

아들의 주변 환경 : 8번/힘

아들만큼 노력하는 친구들이 있다. 경쟁자로 읽었다. 그렇기에 많은 노력이 필요하다.

문제점 : 펜타클 6번

노력한 만큼의 만족스러운 등수는 아니다. 1등은 어려운 상황이다.

결과 : 컵 여왕

이해관계자 중 누구일까? 누구더라도 기대만큼의 만족은 아니다. 따라서 전교 1등은 어려울 것이다.

조언 : 지팡이 9번

그래도 아들의 노력과 실력으로 지금까지의 성적은 유지하게 될 것이다. 전교 1등은 어렵지만 5등 안에는 들 것으로 예상한다.

예상하지 못한 과목에서 감점이 있었다고 한다. 과목마다 등수를 매겨서 정확한 전교 등수는 알 수 없었지만, 5등 안에는 들 것으로 예상되어 아들에게 상금의 절반인 100만 원을 주었다는 후기다.

◆ **기억하기** ◆

첫 번째, 매직 세븐 배열의 정삼각형과 역삼각형을 흐트러뜨려 배열하는 경우가 많다. 자리의 위치를 정확하게 배치하는 것이 중요하다.

두 번째, 조언은 결과를 해석한 후 가장 마지막에 읽어야 한다. 뽑는 순서에 의해 과거, 현재, 미래를 읽고 네 번째 자리 조언을 읽기도 하지만 바람직하지 않다. 결과까지 읽어야 어떤 조언을 할지 명확해진다. 꼭 기억하길 바란다.

지인에게 돈을 빌려주고 2년 넘게 돌려받지 못하고 있다. 만나서 공증을 받기로 약속했다. 공증을 쓸 수 있을까? 내담자는 감정이입이 우려되어 친구가 대신 타로를 뽑았다.

타로에 묻다
| 매직 세븐 배열 |

◆ 한 줄 분석 ◆
공증 수수료를 누가 부담하는지 확인해야 한다. 채무자는 그 비용을 부담하면서까지 공증하지 않을 것이다.

❖ 리아의 해석 ❖

리딩에 앞서 공증 수수료는 누가 부담하는지 내담자에게 질문하였다.

　　김리아 : 공증 비용은 누가 부담하기로 했나요?

　　내담자 : 제가 부담하기로 했어요.

과거 : 지팡이 5번

빌려주기 전까지는 '빌려 받는 사람이 을'이었겠지만 빌려주는 순간부터는 '빌려준 사람이 을'이 된다. 예전부터 공증을 받고자 했으나 뜻대로 해결되지 않아 속상하다.

현재 : 17번 별

공증을 해준다니 희망이 생긴다.

미래 : 14번 절제

현재 자리 17번 별의 희망이 약해지는 느낌이다. 두 개의 카드를 연결할 때 빌려 간 채무자는 공증하겠다고 했지만, 시간이 지나면서 망설임이 생길 것이다.

채무자의 상황 : 펜타클 시종

채무자는 빌린 돈을 조금씩이라도 갚고자 공증을 쓸 생각은 있다.

문제점 : 6번 연인

상대는 내 맘 같지 않다. 어쩌면 나오지 않거나 날짜를 미룰 수 있다. 혹은 무턱대고 자신을 믿어달라고 할 수 있다. 만나기로 한 장소에 나오기만 해도 다행이다.

결과 : 8번 힘

그림에서 사자를 다루듯 공증받는 과정이 쉽지만은 않을 거라 읽을 수 있다. 이미 2년이라는 시간 동안 마음고생을 겪었다. 이제는 마무리가 잘 되면 좋겠지만 14번 절제와의 연결에서 아쉬움이 느껴진다. 공증 비용을 내담자가 낸다고 하니 다행이다. 그렇더라도 상환 기간이나 이자와 관련해서 상대가 원하는 만큼 양보해야 긍정의 결과가 나올 수 있다는 점을 감안해야 한다.

조언 : 지팡이 2번

결과 자리 8번 힘과 연결하여 상대방이 약속 장소에 나오면 어떤 이야기를 하든 무조건 공증을 받아야 한다. 혹시 나오지 않는다면 그동안 통화 녹취가 있으면 좋겠다. 혹시 없다면 지금부터라도 녹음하길 바란다. 빌려준 금액을 제대로 갚지 않는다면 경찰서에 고소하거나 소송도 고민해야 한다.

◆상담 후기◆

"강력하게 저의 생각과 권리를 주장하고 싶었지만 타로가 계속 생각났어요. 14번 절제가 가장 기억에 남더라고요. 이대로라면 무용지물이 될 것 같아서 결국 한발 양보하고 공증을 썼습니다. 한 달이라도 정해 놓은 금액이 연체되면 통장이나 재산 압류를 바로 집행할 수 있는 공증을 받아 지금은 편안합니다."

앞에서 이야기한 것처럼 공증 수수료는 채권자인 내담자가 부담하였다. 사전에 2년 상환하기로 약속했었는데 다시 실랑이가 벌어져 논쟁 끝에 3년 상환으로 합의하고 공증을 받아냈다는 후기다.

◆기억하기◆

처음 접하는 질문이나 조심스러운 이야기 또는 '공증' 사례처럼 어려운 문제일 경우 내담자에게 전반적인 내용을 확인하면서 상담하면 잘 이끌어갈 수 있다.

수강생의 제부는 건물 시설 전산 관리 업종으로 비정규직이다. 현재 회사에서 처음 계약과 달리 재계약 때마다 연봉이 낮아지는 상황이다. 전 직장에서 새로운 조건으로 이직 제안이 왔다. 이직하면 원하는 조건으로 계약이 될까?

타로에 묻다
| 매직 세븐 배열 |

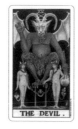

◈ 한 줄 분석 ◈

조언 자리 15번 악마가 인상적이다. 유혹에서 빠져나와야 한다.

✦ 리아의 해석 ✦

과거 : 검 기사
이해관계자 중 누구일까? 내담자로 읽어 제안받았을 때 다시 전 직장으로 달려가고 싶었다.

현재 : 6번 연인
아무래도 이직하고 싶은 마음이 계속 든다.

미래 : 검 에이스
이직으로 결정할 것이다.

제안자의 주변 환경 : 컵 7번
제안자의 회사에서 사실과 다르게 부풀려 이직을 제안하는 분위기가 엿보인다.

문제점 : 지팡이 9번
지금보다 훨씬 업무가 늘어나 바쁘고 힘든 상황이 될 수 있다.

결과 : 검 5번
패배자의 입장으로 읽어 '이직하는 게 아닌데….' 하고 후회할 것 같다.

조언 : 15번 악마
당장은 달콤한 유혹이다. 사실과 다른 부분이 있다. 좀 더 근무 조건을 알아보고 신중하게 판단하길 바란다.

✦ 상담 후기 ✦

"제부가 타로 조언을 듣고 다시 확인하였어요. 전 직장에서는 전산 관리소장 경력이 필요한데, 사람이 없다 보니 우선 고용하고 괜찮으면 1년씩 연장 계약을 할 생각이었다고 하더라고요. 정중하게 거절했다고 합니다."
제안에서 듣지 못한 새로운 사실을 알게 되어 다행이다. 문제가 되는 악마의 유혹이었다. 덧붙여 지금 직장은 비정규직이지만 시간적 여유가 많아 마음이 편하다고 한다. 월급은 좀 줄었지만 정년까지 보장될 것 같아 열심히 다녀야겠다고 후기를 남겨주었다.

✦기억하기✦

검 5번은 편법을 사용하여 비열하게 승리한 자와, 편법에 의해 패배한 자 의미가 있다.

2개월 뒤에 남편 승진이 궁금한 내담자다. 연말이 지나고 1월에 남편이 승진할 수 있을까?

타로에 묻다
| 매직 세븐 배열 |

◆ 한 줄 분석 ◆
조언 자리 검 왕 해석이 중요하다.

✦ 리아의 해석 ✦

과거 : 펜타클 2번

승진할 수 있을 거라는 기대가 있다.

현재 : 현재 컵 2번

승진의 기대가 현재까지 이어오고 있다. 또한 승진에 힘을 실어주는 사람이 있어 같이 소통하고 있다.

미래 : 17번 별

앞으로 승진의 희망은 있다. 그렇다고 확실하게 승진이라 읽을 수 있는 카드는 아니다. 두려움 없이 목표를 분명히 설정하고 꾸준하게 노력할 때 그 희망이 이루어진다.

직장 주변 환경 : 펜타클 3번

서로 상부상조하는 분위기다. 현재 자리 컵 2번과 연결점도 있다.

문제점 : 지팡이 4번

그러나 승진할 거라고 김칫국부터 마시며 기대하는 모양새다. 미리 축하를 나누는 것은 금물이다.

결과 : 컵 시종

이해관계자 중 누구일까? 내담자나 남편의 간절함이 반영되어 있다. 꼭 승진하고 싶은 간절한 마음이다. 시종 계급은 그 힘이 부족하여 승진이 어렵다. 문제점 자리 지팡이 4번에서 미리 승진을 안심하기보다는 준비가 필요하다는 걸 알 수 있다.

조언 : 검 왕

이해관계자 중 누구일까? 직장 주변 환경 자리의 상부상조하는 펜타클 3번을 연결할 때 도움을 주고자 승진의 열쇠를 쥐고 있는 검 왕이다.

김리아 : 남편의 승진을 돕고자 열쇠를 쥐고 있는 사람이 있나요?

내담자 : 네. 남편의 상사입니다. 상사가 승진할 경우 신뢰받는 남편이 그 자리로 승진할 수 있어요. 상사가 승진이 안 되면 남편도 승진이 어려워요.

그렇다면 문제점 자리 지팡이 4번에서 승진할 거라고 김칫국부터 마시며 기대하는 모양새는 검 왕인 상사의 승진을 확신한다는 것이라 읽을 수도 있다. 상사가 임원으로 승진하게 되면 그 자리는 공석이 된다. 그렇게 되면 신임받는 남편에게 기회가 올 수 있다는 계산에서 말이다.

시간이 얼마 남지 않은 만큼 남편은 상사가 승진할 수 있도록 뒷받침을 잘해야 한다. 실적과 관련되어 있다면 남편이 실적을 세워서 그 공이 상사에게 갈 수 있도록 해야 한다. 그리하면 남편도 승진할 수 있다는 조언으로 상담을 마무리했다.

✦상담 후기✦

4개월이 지나서 소식을 들었다. 남편은 그사이 열심히 노력하였고, 상사가 승진하고 그 자리로 승진하게 되었다는 후기다.

✦기억하기✦

뽑힌 카드를 서로 연결하며 읽어야 오류를 줄일 수 있다.

리아 타로
실전 사례 편

제**7**장

상호관계
배열법

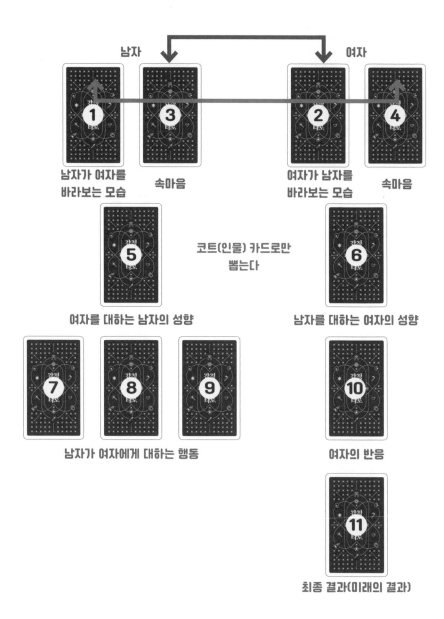

남자   여자

① 남자가 여자를 바라보는 모습

③ 속마음

② 여자가 남자를 바라보는 모습

④ 속마음

⑤ 여자를 대하는 남자의 성향

코트(인물) 카드로만 뽑는다

⑥ 남자를 대하는 여자의 성향

⑦ ⑧ ⑨ 남자가 여자에게 대하는 행동

⑩ 여자의 반응

⑪ 최종 결과(미래의 결과)

1. 상호관계 배열 의미

코트(인물) 카드 16장을 별도로 구성하여 5번과 6번 자리에 배열한다. 남자와 여자의 위치는 바뀌어도 상관없다. 연인이나 부부 관계뿐만 아니라 부모와 자녀 관계, 친구 관계, 동료 관계 등 구체적인 내용을 파악할 수 있는 배열이다.

1번 남자가 여자를 바라보는 모습

남자는 여자가 나에게 하는 태도나 마음을 보고 있다.

2번 여자가 남자를 바라보는 모습

여자는 남자가 나에게 하는 태도나 마음을 보고 있다.

3번 남자의 속마음

현재 남자가 여자를 생각하는 속마음이다.

4번 여자의 속마음

현재 여자가 남자를 생각하는 속마음이다.

5번 여자를 대하는 남자의 성향

둘의 관계에서 남자가 여자를 대하는 독특한 성향을 의미한다.
반드시 코트(인물) 카드 16장에서 별도로 뽑는다.

6번 남자를 대하는 여자의 성향

둘의 관계에서 여자가 남자를 대하는 독특한 성향을 의미한다.
반드시 코트(인물) 카드 16장에서 별도로 뽑는다.

7번, 8번, 9번 남자가 여자에게 대하는 행동

평상시 남자가 여자에게 하는 세 가지의 행동을 의미한다.

10번 여자의 반응

남자의 세 가지 행동에 대한 여자의 반응이다.

11번 최종 결과
둘의 관계에서 미래의 최종 결과를 의미한다.

2. 상호관계 배열 개념
서로의 상황과 마음을 알 수 있기 때문에 의미를 정확하게 알고 있어야 한다.

1번 남자가 여자를 바라보는 모습 / 2번 여자가 남자를 바라보는 모습
각자 상대의 카드다.
상대를 바라보는 모습(관점·시각)이란? 상대의 모습으로 태도나 마음 또는 현상을 관찰하며 보고 있다.

3번 남자의 속마음 / 4번 여자의 속마음
각자 나의 카드다.
상대를 생각하는 속마음이란? 겉으로 드러나지 않는 실제 나의 마음이다.

3. 주의사항
해석의 차이를 정확하게 알아야 한다.

1번 남자가 여자를 바라보는 모습 + 4번 여자의 속마음
상대 카드. 동일 인물의 태도와 속마음으로 읽는다.

3번 남자의 속마음 + 2번 여자가 남자를 바라보는 모습
나의 카드. 동일 인물의 태도와 속마음으로 읽는다.

✦ 사례 39 ✦

수강생이 따로 지내는 이십 대 딸과의 관계를 뽑았다.

타로에 묻다
| 상호관계 배열 |

딸   엄마

✦ 한 줄 분석 ✦

상대를 바라보는 모습과 속마음이 헷갈린다. 신중하게 해석해야 한다.

✦ 리아의 해석 ✦

딸이 엄마를 바라보는 모습 : 펜타클 10번

엄마가 자신을 데면데면하게 대하는 모습을 보고 있다.

딸이 엄마를 생각하는 속마음 : 17번 별

엄마의 그런 모습을 보고 있자니 서운하기도 하다. 그럼에도 엄마와 좀 더 편안하게 잘 지낼 수 있다는 희망을 품고 있다.

엄마가 딸을 바라보는 모습 : 검 4번

딸의 무기력하고 의욕이 없는 모습을 보고 있다.

엄마가 딸을 생각하는 속마음 : 11번 정의

그런 소극적인 딸을 보고 있자니 속상하다. 딸만 생각하면 스트레스를 많이 받고 있다.

딸이 엄마를 대하는 성향 : 컵 기사

딸은 엄마를 사랑한다. 다정하게 다가간다.

엄마가 딸을 대하는 성향 : 검 왕

그러나 엄마는 딸에게 냉정하고 단호하게 대하며 차갑다.

딸이 엄마에게 대하는 행동 : 지팡이 4번, 검 에이스, 15번 악마

딸은 엄마를 기쁘게 해주고 싶고, 사랑하는 표현을 얼마나 하고 싶은지 모른다. 각자 사는 집은 다르지만 매력적인 엄마 옆에 꼭 붙어서 언제든 함께 하려고 행동한다.

엄마의 반응 : 4번 황제

하지만 엄마는 표현이 거칠며 검 왕과 4번 황제를 연결할 때 말과 행동이 냉정하다. 엄마의 따뜻한 모습은 찾을 수 없다.

김리아 : 구체적인 이유가 있을까요?

수강생 : 딸은 뒤로 물러나 소극적으로 행동하면서 말이 없어요. 예를 들어 어디가 아파도 말을 하지 않아요. 전화하면 병원이라고 해요. 어디가 아픈지 물으면 그냥 입원했다고 합니다. 아프다고 이야기하고 같이 병원을 가면 되는데 얼마나 놀라는지 정말 속상해요.

김리아 : 딸이 말하지 않는 이유가 무엇일까요? 엄마가 걱정할까 봐 알리지 않고 혼자서 해결하려는 것이지요. 딸의 마음과 달리 엄마는 알리지 않은 것에 놀라고 못내 화가 납니다. 그러다 보니 딸에게 화를 내고 윽박지르는 것이지요. 이런 반복이 힘든 딸은 엄마 걱정을 덜기 위해 오히려 더 입을 닫게 됩니다. 그 부분이 검 4번으로 표현되었습니다. 이해되실까요?

수강생 : 아…. 그런 것 같아요.

김리아 : 딸의 입장을 헤아리셔야 합니다. 선생님은 말하지 않는 딸 때문에 속상하겠지만, 차가운 표현과 거친 말을 듣는 딸은 선생님보다 더 아프고 힘들 수 있습니다. 그럼에도 불구하고 딸은 엄마를 더없이 사랑합니다. 이제라도 딸을 따뜻하게 보듬어 주세요. 선생님이 변화해야 합니다.

최종 결과 : 지팡이 여왕

앞으로 어느 한쪽에서 관계 개선을 위해 노력할 것이다.

◈추가질문◈

지팡이 여왕으로 볼 수 있는, 노력하는 사람이 누구일까?

갈라서 보기를 해본다.

딸이 지팡이 여왕인가? ▸ 9번 은둔자

엄마가 지팡이 여왕인가? ▸ 20번 심판

✧추가 해석✧

딸이 지팡이 여왕 : 9번 은둔자

소통에 있어 어려움이 있다. 따라서 딸이 노력한다고 읽기 어렵다.

엄마가 지팡이 여왕 : 20번 심판

이제부터 관계 개선을 위해 많은 생각을 하게 될 것이다. 따라서 엄마가 노력하게 될 거라 읽을 수 있다. 상담을 통해 아마도 변화가 생기지 않을까 예상해 본다.

✧상담 후기✧

내 입장에서만 생각하며 그동안 속상하게만 하는 딸이라 여겼는데, 딸의 아픔에 대해 생각해보는 계기가 되었다고 한다. 말 한마디라도 따뜻하게 전하려 노력하였고, 딸과의 관계가 훨씬 편안해졌다는 후기다.

✧기억하기✧

엄마로 해석되는 검 왕과 4번 황제의 합쳐진 강도를 온전히 느껴야 한다. 타로 해석을 통해 내담자의 사연을 이끌어낼 수 있는 힘이 있으면 좋겠다.

수강생이 여동생과의 관계를 뽑았다.

타로에 묻다
| 상호관계 배열 |

여동생

언니

언니 같은 동생이다.

◈ 수강생과 리아의 해석 ◈

동생이 언니를 바라보는 관점 : 펜타클 7번

　수강생 : 망설이지 않고 행동하면 좋을 텐데 행동하지 않는 모습을 보고 있다.

　김리아 : 언니가 나를 만족스럽지 않게 여기고 있는 것을 보고 있다.

동생이 언니를 생각하는 속마음 : 컵 9번

　수강생 : 무언가 이야기하지 않는 부분도 있겠지만 그 자체로 만족한다.

　김리아 : 검 왕과 연결하여 내가 원하는 대로 언니가 끌려오기 때문에 나는 언니에게 만족한다.

언니가 동생을 바라보는 관점 : 검 왕

　수강생 : 조금은 독단적이고 자기 의지대로 하는 모습이다.

　김리아 : 동생이 언니처럼 느껴질 때도 있다. 강한 동생을 보고 있다.

언니가 동생을 생각하는 속마음 : 컵 3번

　수강생 : 화합하며 잘 지내고 있다.

　김리아 : 동생이 문제 해결이나 이끌어가는 부분에 있어 마음이 불편하지 않다.

동생이 언니를 대하는 성향 : 컵 시종

　수강생 : 아이디어가 많다.

　김리아 : 동생은 챙겨주고 싶은 언니를 좋아한다.

언니가 동생을 대하는 성향 : 펜타클 기사

　수강생 : 행동하지는 않고 동생에게서 홍시가 떨어지기를 기다리고 있는 것 같다.

김리아 : 동생이 하는 대로 지켜보고 있다. 딱히 내가 도움 줄 부분이 없어 편하기도 하다.

동생이 언니에게 대하는 행동 : 펜타클 2번, 7번 전차, 펜타클 4번

수강생 : 이거 할까? 저거 할까? 고민도 하고 때로는 전차처럼 급하기도 하지만 그래도 잘 지켜내고 있다.

김리아 : 관계를 이어가면서 언니를 책임지고자 하는 생활력 강한 동생의 의지가 펜타클 4번 그림처럼 펜타클을 꽉 잡은 행동으로 나타난다.

언니의 반응 : 컵 2번

수강생 : 동생에게 이제 뭔가 해야 하지 않냐고 얘기하는 것 같다.

김리아 : 나는 동생이 먼저 챙기고 행동하며 주도하는 관계로 소통을 이어나가는 것이 편하고 좋다.

최종 결과 : 검 6번

수강생 : 답답한 상태로 무언가 하려고 하지 않을 것이다.

김리아 : 앞으로의 관계는 생각이 다르고 갈등이 생길 수도 있다. 그렇더라도 문제삼지 않고 지낼 것이다.

◆상담 후기◆

"부모님은 돌아가시고 맏이인 저와 여동생, 남동생 삼남매인데 각자 가정을 꾸리고 있어요. 여동생이 언니 같은 동생이 딱 맞습니다. 가족과 관계된 일에서 남동생과 저를 이끌어가며, 책임감이 강하여 선택과 결정을 잘합니다." 누구보다 믿을 수 있는 동생이기에 의지하게 된다는 후기다.

◆기억하기◆

펜타클 기사는 변화보다 안정이 우선이기 때문에 신중하게 지켜보는 성향이다.

수강생이 대학생 아들과의 관계를 뽑았다.

타로에 묻다
l 상호관계 배열 l

아들   엄마

온전히 너와 나의 관계로만 읽어야 한다.

◆ 리아의 해석 ◆

아들이 엄마를 바라보는 관점 : 컵 10번
엄마가 나를 생각하기만 하면 행복하게 여기는 모습을 보고 있다.

아들이 엄마를 생각하는 속마음 : 20번 심판
아들은 엄마가 비록 나를 아프게 할지라도 정말 사랑한다. 엄마를 포기할
수 없다.

엄마가 아들을 바라보는 관점 : 지팡이 3번
아들이 항상 엄마에게 집중하며 관심 갖는 모습을 보고 있다.

엄마가 아들을 생각하는 속마음 : 14번 절제
　　김리아 : 아들에게 적극적으로 표현하지 못하는 부분이 무엇인가요?
　　내담자 : 아들이 제주도에서 지내고 있어서 만나러 가지 못하는 부분입
　　　　　　니다.

아들이 엄마를 대하는 성향 : 컵 왕
아들은 성숙한 모습으로 엄마를 대한다. 부드럽고 자상하고 늘 엄마를 신경
쓰며 사랑을 표현한다.

엄마가 아들을 대하는 성향 : 컵 시종
엄마 역시 아들을 얼마나 사랑하는지 진심으로 아들에게 사랑을 전한다.

아들이 엄마에게 대하는 행동 : 펜타클 여왕, 2번 여사제, 검 10번
엄마를 보살피고자 하는 마음으로 행동한다. 엄마에게 말로 다 표현하지 못
하는 아픔이 있다. 하지만 내색하지 않으려 한다. 엄마에게 사랑하는 나의
진실함만 전하고 싶다. 그렇더라도 상처는 어쩔 수 없는 것일까? 상처를 딛고
엄마를 위해 무엇을 해야 하나 고민한다.

김리아 : 아들이 말하지 않지만 엄마에게 받은 상처가 있습니다. 아들로 해석되는 20번 심판, 2번 여사제, 검 10번에서 그 상처가 크다고 할 수 있습니다. 무엇인지 알고 있나요?

내담자 : 네. 20년 전에 남편과 헤어졌어요. 아들은 아빠와 제주도에서 지내며 저와는 연락만 주고받고 있어요. 한동안 연락조차 주고받지 못하는 상황도 있었어요.

엄마의 반응 : 9번 은둔자

아들과 지역적으로 멀리 떨어져 지내면서 만나지 못하는 고립된 상황이다. 외롭지만 견딜 만하다. 그림처럼 등불을 밝히듯 아들에게 힘이 되어주고 싶다.

최종 결과 : 검 시종

앞으로 서로가 못 미덥고 답답할 수 있다. 이해관계자 중 누구일까?

아들이 검 시종이라면 옆에서 엄마를 볼 수가 없으니 걱정된다. 사랑하는 엄마가 혼자 지내면서 아프지 않고 경제적으로 어렵지 않게 잘 지낼 수 있을지 의문이 들 수 있다.

엄마가 검 시종이라면 역시나 아들을 옆에서 지켜볼 수가 없어 걱정된다. 성인이 되었지만 험난한 세상을 잘 헤쳐 나갈지 의문이 들 수 있다.

◆상담 후기◆

"한 부모 가정에서 일찍 철든 아들이에요. 어린 시절을 같이 지내지 못한 엄마를 생각하면 많이 속상하고 힘들었을 텐데 표현하지 않아요. 엄마의 사정을 헤아리는지 필요한 것이 있냐고 물으면 항상 없다고만 해요. 용돈을 보내주려 해도 괜찮다고만 합니다. 지금은 전보다 편해졌는지 자격증 시험 준비와 여자친구 이야기도 들려줍니다."

내담자인 수강생이 건강도 안 좋고 경제적으로 어렵다는 것을 알기에 마음이 아팠다. 잘 견디며 살아온 시간만큼 이제는 위로받으며 행복하게 살아가시길 바란다.

✦ 기억하기 ✦

내담자의 사연을 공감하며 감정이입이 되면 좋겠다.

리아 타로
실전 사례 편

제**8**장

켈틱 크로스
배열법

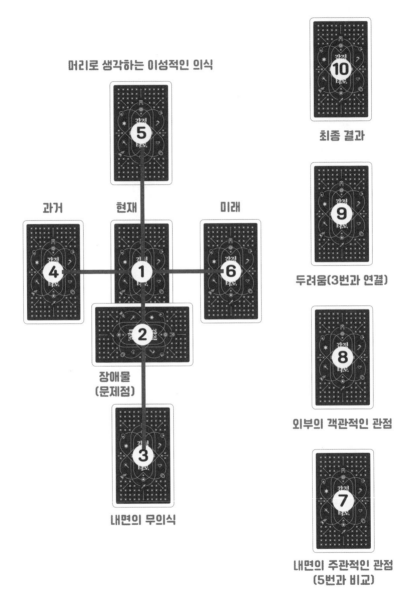

머리로 생각하는 이성적인 의식

5

최종 결과

10

과거

미래

현재

두려움(3번과 연결)

9

4

1

6

2

외부의 객관적인 관점

8

장애물
(문제점)

3

내면의 주관적인 관점
(5번과 비교)

7

내면의 무의식

1. 켈틱 크로스 배열 의미

시간의 흐름이 반영되어 있다. 흐름 뒤에 모든 자리를 아우르는 결과 자리가 있다.

1번 현재
질문하는 지금의 현재 상황을 의미한다.

2번 문제점(장애물)
1번 현재 상황을 가로질렀다고 표현한다. 현재 상황을 가로막으며 직접적인 영향을 주는 부정적인 요인을 의미한다.

3번 내면의 무의식
스스로 깨닫지 못하는 심리적 상태를 말한다. 다시 말하면, 의식되지 않은 정신활동으로 자신의 행위에 대하여 자각이 없는 의식 상태를 의미한다.

4번 과거
현재 상황이 일어나기 이전의 과거 상황을 의미한다.

5번 머리로 생각하는 이성적인 의식
깨어 있는 상태에서 자기 자신이나 상황에 대하여 냉정하게 사물을 가릴 수 있도록 인식하는 것을 의미한다.

6번 미래
앞으로 다가올 미래 상황을 의미한다.

7번 내면의 주관적인 관점(5번과 비교)
자기 자신의 견해나 관점을 기초로 한다. 다시 말하면, 다른 사람과 상관없이 자신이 생각하는 것을 의미한다.

8번 외부의 객관적인 관점
제삼자의 입장에서 상황을 보거나 생각하는 것을 의미한다.

상황이 부정적으로 발생할 때 내담자가 느끼는 불안과 두려움을 의미한다. 3번 자리 무의식과 연결한다.

10번 최종 결과

모든 자리를 아우르는 미래의 최종 결과를 의미한다.

2. 켈틱 크로스 배열 개념

4번 과거, 1번 현재, 2번 문제점, 6번 미래, 그리고 5번 이성적인 의식, 3번 무의식 자리의 '십자 배열'이 중요하다. 맨 위 5번 자리는 머리에서 이성적으로 의식하므로, 부정적인 카드일 때 불안을 일으켜 불편할 수 있는 정신 영역을 나타낸다. 맨 아래 3번 자리는 인지하지 못하는 심리적 상태로, 부정적인 카드라도 불편하지 않은 정신 영역을 나타낸다.

3. 주의사항

문제점 자리는 78장 모두 '부정 의미'로 읽어야 한다. 부정 카드는 부정 고유의 의미로 해석하면 되지만, 긍정 카드를 부정 의미로 해석하지 못하는 오류를 범하지 말아야 한다. 두려움 자리는 마찬가지로 78장 모두 '불안'을 느끼는 두려움의 의미로 읽어야 한다. 카드 의미에서 두려움이 무엇인가?

결과 자리는 아직 오지 않은 미래로서 모든 자리를 아우르며 마지막 '최종 결과'로 해석해야 한다.

【과거→현재→미래→결과】 시간의 흐름 순으로 뽑아야 한다. 결과를 가장 마지막에 뽑았는데도 【과거→현재→결과→미래】로 순서를 바꾸어 결과 이후의 미래로 읽으면 안 된다.

결과 이후에 미래를 읽으려면 배열의 순서를 【과거→현재→결과→미래】 이렇게 바꾸어야 한다. 순서에서 결과 자리를 먼저 뽑고 최종으로 미래를 뽑아야 한다.

수강생은 다른 사람과 주식 정보를 공유하면서 투자하고 싶은 기업이 있다. C회사의 주식을 사면 성공할까?

타로에 묻다
| 켈틱 크로스 배열 |

질문의 시점은 주식을 사기 전이다. 결과 자리 펜타클 4번의 해석이 중요하다.

◆ **리아의 해석** ◆

과거 : 지팡이 시종

이해관계자 중 누구일까? 내담자로 읽어 C회사의 주식을 사야겠다는 결심이 서기 시작했다.

현재 : 지팡이 3번

주식을 사기 전날이다. 따라서 주식을 사려는 계획을 세우며 집중하고 있다.

문제점 : 검 7번

그림에서 양손으로 다섯 자루 검의 칼날을 잡고 있고, 두 자루의 검은 땅에 박혀 있다. 이처럼 놓치는 부분이 있을 것이다. 주식 상황을 반영하지 못하고 적은 노력으로 큰 이익을 얻고자 한다. 결과 자리 펜타클 4번과 연결하여 이익을 더 많이 내고 싶은 욕심이 문제로 나타나고 있다. 다시 말하면, 낮은 금액으로 사고 싶은 것이다.

내면의 무의식 : 컵 3번

인지하지 못하는 내면에서는 이미 C회사의 주식에 설렘이 있다. 이익에 대한 기대가 앞서 나가고 있는 무의식이다.

이성적인 의식 : 컵 2번

내담자가 전한 바와 같이 정보를 공유하는 사람과 소통이 잘되고 있다. 주식을 사고자 하는 마음이 반영되고 있다.

미래 : 컵 8번

그러나 아쉽게도 미련을 남기고 떠나는 상황이 생기겠다.

내면의 주관적인 관점 : 검 9번

주식 매수와 관련해서 스트레스가 있다. 내가 사고 싶은 금액까지 떨어져 주면 좋겠는데 못 사면 어쩌나 하는 조바심이 난다는 것을 읽을 수 있다.

외부의 객관적인 관점 : 지팡이 7번

주식 매수가 수월하지 않다고 본다. 경쟁자와 연결할 수도 있다. 사려고 하는 사람들 즉 경쟁자가 많아서 원하는 금액으로 사는 것은 어려울 수 있다.

두려움 : 펜타클 기사

이해관계자 중 누구일까? 내담자로 읽어 지켜보고만 있을 뿐 변화가 없을까 두렵다. 다시 말해 주식을 사야 이익을 기대할 수 있는데, 못 사게 되면 수익의 변화가 없어 제자리에 있을까 불안하다는 것이다. 혹은 주식을 산 후에 팔아야 할 시기를 놓칠까 두렵다.

최종 결과 : 펜타클 4번

문제점 자리 컵 7번과 미래 자리 컵 8번을 연결하여 내담자가 조금 더 저렴하게 사고 싶은 욕심이 커서 결국 주식을 사지 못하게 될 것이다.

◆ 상담 후기 ◆

"타로 질문한 다음 날 아침, 조금 더 이익을 보고자 매수 희망 가격을 낮춰 예약하고 기다렸습니다. 그런데 장 마감하는 시간까지 그 금액으로 내려오지 않아서 결국 사지 못했어요."

C회사의 주식이 오르고 있는 상황을 보고만 있게 되어 속상했다는 후기다.

◆ 기억하기 ◆

펜타클 4번은 현실적 안정을 이루기도 하지만, 과한 욕심은 손에 잡히지 않는 긍정과 부정의 갈림이 있다.

현재 타로 전화 상담을 하고 있는 수강생이다. 전화 상담을 계속할까?

타로에 묻다
| 켈틱 크로스 배열 |

140

◆ **한 줄 분석** ◆

현재 자리 펜타클 9번과 문제점 자리 펜타클 5번을 연결한 해석이 중요하다.

◆ **리아의 해석** ◆

과거 : 지팡이 2번

타로의 배움을 확장하고자 전화 상담을 시작했다. 또는 이미 직업이 있는 상태에서 타로 상담을 같이 하고 있다.

　　김리아 : 직업이 있으신가요?

　　내담자 : 학원을 운영하고 있어요. 전화 상담까지 같이 할 수 있나 고민하다 시작했어요.

현재 : 펜타클 9번

그림에서 노력의 결실이 차곡차곡 쌓여 있는 풍요로운 정원처럼 경험의 풍요를 누리고 있다. 문제점 자리 펜타클 5번을 연결할 때 피곤하고 수입이 생각보다 적더라도 현재 결실을 맺고자 하는 목표는 경험이다. 내담자는 그만큼 경험을 중요시한다는 것을 알 수 있다.

　　김리아 : 전화 상담을 하는 이유가 경험을 쌓기 위함인가요?

　　내담자 : 운영하고 있는 학원을 정리하면 타로 상점을 차릴 계획이라 많은 경험이 필요합니다.

문제점 : 펜타클 5번

　　김리아 : 그러나 밤늦은 시간까지 상담하면 몹시 피곤하겠어요. 전화 상담 수수료가 많지도 않고요?

　　내담자 : 퇴근 후에 상담을 시작하면 그때부터 몸이 너무 긴장돼요. 마음도 편안하지 않고 생각이 너무 많아져 힘듭니다. 상담 수수료가 적기도 하고요.

내면의 무의식 : 컵 4번

힘든 나머지 관심이 시들시들해지고 흥미도 떨어진다.

이성적인 의식 : 0번 광대

전화 상담을 잠시 내려놓고 좀 편해졌으면 한다. 마음만 있을 뿐 그만두는 결정을 하지는 않는다.

미래 : 펜타클 2번

그림에서 풍랑에 배가 위태롭지만 펜타클 두 개를 무한궤도 안에서 돌리고 있는 모습처럼 '전화 상담을 계속할까?' 질문을 참고할 때 상담을 그만두는 쪽보다는 이어나간다는 쪽으로 기울었다는 것을 읽을 수 있다. 그러므로 당분간 병행하며 계속하겠다.

내면의 주관적인 관점 : 검 여왕

이해관계자 중 누구일까? 내담자로 읽어 이제는 결정이 필요한 시점인 것을 스스로도 알고 있다.

외부의 객관적인 관점 : 컵 10번

주변에서는 학원 운영과 전화 상담 두 가지 일 모두 잘하고 있다고 본다.

두려움 : 펜타클 시종

이해관계자 중 누구일까? 내담자로 읽어 위에서 언급한 학원을 접고 타로 상점을 차리겠다는 계획이 제대로 이루어지지 않을까 두렵다.

최종 결과 : 지팡이 6번

전화 상담을 계속하게 될 것이다. 타로 상담 경험을 쌓기에는 도움이 되겠다.

✦상담 후기✦

"타로를 본 이후에도 전화 상담을 이어갔습니다. 경험에는 여전히 도움이 되었어요. 그런데 타로 문제점 자리에 나온 것처럼, 업체에서 40퍼센트 상담료 할인 행사를 진행해 그만큼 수입이 더 적어졌어요. 그리고 한 내담자가 새벽마다 상담을 신청해서 일상생활이 어려울 정도로 너무 피곤해요."

2개월 지난 시점에서는 쉬고 있다고 한다. 덧붙여 경험 쌓기 위해 토요일 하루만 지인의 타로 상점에서 상담을 이어가고 있다고 전했다.

업체들은 항상 지원 신청을 받고 있다. 여러분들도 전화 상담으로 다양한 경험을 해보길 권한다.

실전 사례 3번과 같은 내담자로 추가 상담 사례다. 수강생 아들이 사직서를 제출했고 회사와 합의해 퇴사 결정이 났다. 새로운 직장으로 이직할 수 있을까?

타로에 묻다
| 켈틱 크로스 배열 |

십자 배열의 이성적인 의식 자리 20번 심판, 현재 자리 검 5번, 그리고 문제점 자리 검 여왕 파악이 중요하다.

♦ 리아의 해석 ♦

과거 : 검 2번

사직서를 제출하기 전으로 읽겠다. 퇴사를 하는 게 좋을지 안 하는 게 좋을지 또는 이직이 잘 될지 고민이 많다. 언제 회사에 사직서를 제출할지 스트레스를 받고 있다.

현재 : 검 5번

그러나 사직서를 제출하고 퇴사 일정을 결정한 상황에서 점점 이직에 자신이 없어진다.

문제점 : 검 여왕

과연 퇴사 결정을 잘한 것일까? 퇴사하는 게 정말 나은 선택일까? 스스로 미덥지 않고 후회되는 상황이다.

내면의 무의식 : 컵 9번

인지하지 못하는 내면에서는 근거 없는 자신감이 읽어진다. '어디든 이직할 곳은 있지 않을까?' 하는 기대감이 있다.

이성적인 의식 : 20번 심판

나팔 소리가 들려오는 좋은 소식의 결실로 많이 해석하지만 다른 방향으로도 해석할 수 있다. 좋은 소식의 긍정으로 읽기에는 현재 자리 검 5번과의 모순이 생긴다. 또한 문제점 자리 검 여왕이 다른 의미로 읽어야 하는 이유를 뒷받침한다. 그렇기에 퇴사 결정이 난 이후에 심란하고 머릿속이 복잡하다. 이직이 기대보다 순조롭지 않을 거라 생각하고 있다.

✦중간 후기✦

아들은 회사에 구직급여를 받을 수 있는 퇴직 사유로 처리해 달라고 요청했지만, 회사에서는 개인 사유로 퇴사하기 때문에 거절했다고 한다. 이 일로 이직에 부담감도 커지고 자신이 없어졌다고 한다.

미래 : 13번 죽음

최종 결과 자리 1번 마법사와 연결하여 근심, 걱정이 전화위복의 계기가 되어 미래는 희망적이다. 새로운 직장으로 이직할 수 있을 것이다.

내면의 주관적인 관점 : 지팡이 10번

이직과 관련하여 힘들 것이라는 벅참이 읽어진다. 수강생의 중간 후기와 연결하여 구직급여를 받으면서 차차 이직 준비하면 마음이 편할 텐데 그럴 수 없어 이직을 서둘러야 하는 부담감이 있다.

외부의 객관적인 관점 : 컵 에이스

주변 지인이나 가족들은 이직 결정을 잘했다며 격려해주고 응원한다.

두려움 : 4번 황제

아들은 가정을 꾸린 가장으로서 '내가 책임을 다할 수 있을까?' 하는 불안함이 느껴진다.

최종 결과 : 1번 마법사

전화위복의 미래는 새로운 직장으로 이직할 수 있다.

✦추가 질문✦

"미래 자리의 13번 죽음에서 부활이라는 의미도 있어서 현재 다니는 회사에서 새로 협상하여 계속 다니게 되지 않을까요?" 내담자인 수강생의 질문이 있었다. 그렇다면 13번 죽음에서 새로운 시작이 재근무일지 아니면 이직일지 추가 질문으로 갈라서 보기를 해본다.

기존 회사에 계속 다닌다 ▸ 3번 여황제

새로운 회사로 이직한다 ▸ 펜타클 4번

계속 다닌다 : 3번 여황제

회사에 계속 다니면 도움도 되고 생활도 풍요롭다.

이직한다 : 펜타클 4번

이직은 욕심일 뿐이다.

미래 : 13번 죽음

갈라서 보기 추가 카드에 의해 기존 회사에 계속 다니면서 새로운 시작을 맞이하겠다.

최종 결과 : 1번 마법사

따라서 협상을 통해 유리한 조건으로 재근무를 할 것이다.

◈ 상담 후기 ◈

앞선 사례 3번에서는 회사에서 후임자 채용 때까지 내담자에게 근무를 요청한 상황이었다. 퇴사가 가능할지 물었고 못 한다로 읽었다. 얼마 후 퇴사 날짜가 확정되었고 이직할 수 있는지 추가 상담을 했다. 결국 자녀가 사직서를 냈으나 파기하였다고 한다. 급여도 인상되고 추가로 강의 나가는 부분에 대해서도 강의료를 상향 조정하기로 했다. 퇴사하지 않고 계속 다니기로 했다는 후기다.

✦기억하기✦

13번 죽음에서 부활의 새로운 시작이라는 의미가 적용된 사례였다. 그 해석이 가능한 연결점은 현재 자리 검 5번과 문제점 자리 검 여왕, 그리고 이성적인 의식 자리 20번 심판에서 아직 결정이 후회스럽고 흔들리고 있다고 읽을 수 있기 때문이다.

리아 타로
실전 사례 편

제**9**장

재물운
배열법

제9장 재물운 배열법

1. 재물운 배열 의미

재물을 끌어모으는 운수를 의미한다. 직업이나 사업에서 노력해서 들어오는 직접적인 수입이 해당된다. 더불어 일상에서 노력하지 않고 들어오는 수입과 배우자의 경제력 등을 연결한다.

고유한 의미와 상징을 바탕으로 재물운을 진단하기 위해서는 타로 78장을 다음과 같이 다섯 가지로 분류할 수 있다.

첫 번째, 강한 긍정 유형 ▸ 매우 이익이 많거나 수입이 많다.

두 번째, 약한 긍정 유형 ▸ 대체로 이익이거나 수입이다.

세 번째, 강한 부정 유형 ▸ 매우 손실이 크거나 지출이 많다.

네 번째, 약한 부정 유형 ▸ 대체로 손실이거나 지출이다.

다섯 번째, 긍정과 부정의 갈림 유형 ▸ 재물이 이익이거나 수입으로 연결되는지, 손실이나 지출로 연결되는지 보조 카드로 갈림을 확인한다.

2. 재물운 배열법

재물운을 진단하기 위한 배열법은 여러 가지가 있다.

재물운 흐름 배열법

재물운을 알고 싶은 기간을 설정하여 '제1장 결과 배열법'이나 '제2장 흐름 배열법'을 적용할 수 있다.

재물운 비교 배열법

'작년 재물운과 올해 재물운' 혹은 '올해 재물운과 내년 재물운'을 비교하는 배열법이다. 이 배열은 미래의 재물운을 뽑기 전에 과거의 재물운을 먼저 뽑아 실제 상황과 맞았는지 타로와 비교하며 신빙성을 높인다. 검증이 되었을 때 미래의 재물운도 신뢰하며 진단한다.

작년의 재물운(올해의 재물운) ▸ 과거의 재물 상황은 세세한 기간 설정보다는 대체로 4개월(3장) 단위로 기간을 정한다.

1월~4월　　　　**5월~8월**　　　　**9월~12월**

올해의 재물운(내년의 재물운) ▸ 미래의 재물 상황을 전망하기 위해 1개월(12장), 2개월(6장), 3개월(4장), 4개월(3장), 6개월(2장) 단위 중 선택해서 기간을 정한다.

1월~2월　　**3월~4월**　　**5월~6월**　　**7월~8월**　　**9월~10월**　　**11월~12월**

금전 배열법

이 배열은 돈을 벌 기회가 있는지 파악할 수 있다.

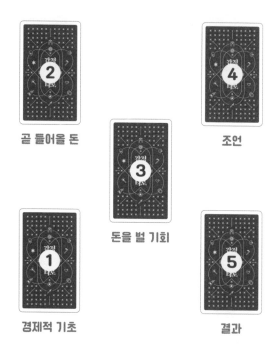

1번 경제적 기초

현금, 주식, 채권, 차량, 토지나 건물 등 보유하고 있는 자산 규모를 토대로 직업이나 사업에서 노력해서 들어오는 수입을 의미한다. 직접적인 수입이 없을 경우 배우자의 경제력이 반영될 수 있다.

2번 곧 들어올 돈

시간적으로 머지않아 노력하거나 혹은 노력하지 않고 들어올 돈이 있는가를 의미한다.

3번 돈을 벌 기회

어떠한 일을 할 기회가 있어 돈을 벌 수 있는가를 의미한다. 기회는 없는데 2번 자리에서 곧 들어올 돈이 있다면 노력하지 않고 들어오는 불로소득(不勞所得)일 수 있다.

4번 조언(해결책, 실마리)

돈을 벌 기회를 잡기 위한 해결책이나 실마리를 의미한다. 최종 결과 자리까지 해석한 후 참고해서 읽어야 한다.

5번 결과

직업이나 사업에서 노력해서 들어오는 재물운과 연결한 미래의 최종 결과를 의미한다.

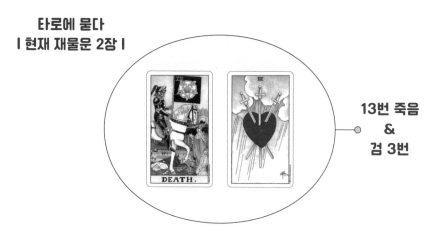

✦ 사례 45 ✦

자영업으로 장사를 하는 내담자다. 손실이 크고 힘들다고 하여 얼마나 힘든지 파악하기 위해 현재 재물 상황을 질문하였다.

타로에 묻다
| 현재 재물운 2장 |

13번 죽음
&
검 3번

✦ 한 줄 분석 ✦

13번 죽음, 새로운 시작의 재물운 긍정 의미일까?

✦ 리아의 해석 ✦

13번 죽음

기업에서는 부도, 개인에게는 파산 의미를 적용할 수 있을 만큼의 강한 부정 의미를 담고 있다. 손실이나 지출의 규모가 매우 크다. 장사하면서 손실이 무척 크고 감당하기 너무 힘들다.

검 3번

검 3번은 단독 해석일 때는 약한 부정 의미로 작은 손실로 해석하지만, 13번 죽음과 연결하면 매우 큰 손실로 읽어야 한다. 울고 싶은 심정이다. 예견했던 손실이 현실로 다가왔다. 그림의 빨간 심장은 검게 타들어 가고 있다. 얼마나 힘든 상황인지 짐작이 간다.

장사가 안 되고 손실이 너무 커서 말아먹을 지경이라 한다. 조만간 폐업할
예정이라고 전했다.

◆ 기억하기 ◆
부정 의미를 담고 있는 카드가 연속적으로 뽑혔다. 재물운에서 13번 죽음은
새로운 시작으로 해석하기 이전에 죽음 의미를 먼저 적용해야 한다. 연관성
을 파악해 타로가 담고 있는 의미의 강도를 잘 파악하길 바란다.

타로와 사주를 공부하는 수강생이다. 돈을 벌 기회가 있을지 궁금하다. 작년 재물운과 금전 배열법 두 가지를 같이 뽑았다.

타로에 묻다
| 작년 재물운 3장 |

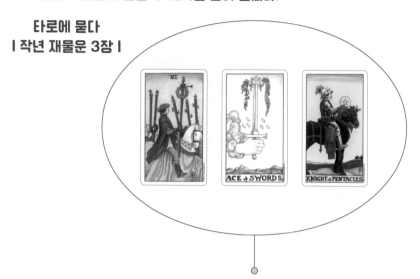

지팡이 6번 & 검 에이스 & 펜타클 기사

◆ **한 줄 분석** ◆

1년 동안 어느 시기에 재물운이 가장 좋았을까?

◆ **리아의 해석** ◆

작년 1월~4월 : 지팡이 6번

협력해서 이룬 승리로 강한 긍정 의미를 지닌다. 이 시기에 재물운이 아주 좋았다.

　　김리아 : 재물운이 좋아 보이는데 실제로 어땠나요?

　　수강생 : 학교 방과 후 강사였는데 작년 초부터는 보조 교사로 꾸준한
　　　　　　수입이 있었어요. 지원 신청하는 곳마다 다 합격하고 오전, 오
　　　　　　후 근무하면서 방과 후 수업할 때보다 수입이 좋았어요.

작년 5월~8월 : 검 에이스

검 끝에 명예와 승리의 왕관이 씌워져 있는 강한 긍정 의미를 지닌다. 이 시기에는 지팡이 6번보다 더 좋으며 1년 중에 가장 재물운이 좋았다.

  김리아 : 재물운이 얼마나 좋았나요? 부동산 같은 큰 수입이 있었나요?

  수강생 : 그건 아니에요. 암 진단을 받아서 5월에 수술하고 보험사로부터 '암 진단금'을 받았어요. 일생에서 노력하지 않고 가장 큰돈을 만져보게 되었답니다.

작년 9월~12월 : 펜타클 기사

코트(인물) 카드 16장은 대체로 계급으로 재물운의 규모를 가늠한다. 왕 4명이 가장 좋고, 여왕 4명은 왕 계급만큼은 아니지만 그래도 많이 좋다. 그리고 기사 4명은 현상 유지 정도로 그럭저럭 나쁘지 않다. 시종 4명은 시작하는 계급이기에 기사 계급보다 적다.

그러하기에 이 시기에는 수입이 있을 수 있지만 현상 유지 의미로 가진 것을 잘 지켜야 한다. 기본적인 지출은 발생하기 때문이다.

  김리아 : 쓸 만큼은 돈이 있어 보이는데 어땠나요?

  수강생 : 일을 그만둔 상태라 별도의 수입은 없고 지난 시기에 받은 진단금을 안정적으로 쓰고 있었어요.

타로에 묻다
| 금전 배열 |

◆ 한 줄 분석 ◆

결과 자리 컵 8번에서 뒤돌아 떠나는 모습이 흥미롭다.

◆ 리아의 해석 ◆

경제적 기초 : 펜타클 10번

증여나 상속의 의미가 있다. 그렇다고 항상 물려받은 재물과 연결하지는 않는다. 또한 펜타클 원소가 있다고 해서 무조건 재산의 규모가 크다고 읽지 않으며, 다 내 것이 아닐 수도 있다. 예를 들어 자가 소유 주택이 있더라도 빚을 감안해야 한다. 경제적 기초는 어느 정도 괜찮다고 읽겠다.

곧 들어올 돈 : 지팡이 여왕

들어올 돈이 있고 여왕이기에 그 계급에 맞게 규모가 크다고 읽을 수 있다.

돈을 벌 기회 : 지팡이 7번

기회는 분명 있다. 긍정과 부정의 갈림이 있기에 그 기회를 잡지 않으면 지나가 버린다. 열정과 의지에 달려 있다.

결과 : 컵 8번

앞에 놓인 컵 여덟 개는 기회가 있지만 잡지 않고 떠난다. 2번 자리 지팡이 여왕에서 들어올 돈이 있다고 읽었기에 이 부분에 대해 좀 더 고민이 필요하다. 돈을 벌 기회는 있지만 의지가 점점 사그라들어 직접 노력해서 들어오기보다는 다른 기회가 있다고 연결할 수 있다.

　　김리아 : 다른 기회는 무엇이 있을까요?

　　수강생 : 시아버지께서 만날 때마다 100만 원 단위로 용돈을 주세요. 연
　　　　　　간 합치면 1,000만 원 단위가 되긴 해요.

◆ 추가 질문 ◆

수강생들의 리딩이 갈리면서 "곧 들어올 돈 지팡이 여왕과 연결해서 돈을 벌기 위해 가는 게 아닐까요?"라는 질문이 있었다. 컵 8번이 기회를 잡지 않고 떠나는 의미인지, 돈을 벌기 위해 간다는 의미인지 확인하기 위해 보조 카드를 1장 뽑아 본다.

✦ 추가 해석 ✦

결과 보조 : 펜타클 에이스

긍정 유형 의미이기에 돈을 벌기 위해 간다는 해석으로 읽는다. 그렇다면 2번 자리 지팡이 여왕으로 규모가 있는 큰돈이 들어올 수 있고 이 부분에서 직접 노력해서 들어오는 돈과 시아버지께서 주는 용돈을 감안할 수 있다. 그리고 3번 자리 지팡이 7번에서 돈 벌 기회를 잡기 위한 노력을 하는 것으로 해석의 마무리가 된다.

조언 : 10번 운명의 수레바퀴

과거의 경험을 바탕으로 한 기회라면 방과 후 강사 또는 보조 교사의 기회를 만들 수 있고, 새로운 기회라면 공부하고 있는 타로나 사주 상담을 하면 좋겠다.

✦ 상담 후기 ✦

물려받은 재산은 없고 소유하고 있는 집은 빚이 반이라 한다. 현재 공부하고 있는 타로나 사주 상담을 새로운 직업으로 하고 싶다는 후기를 들려주었다.

✦ 기억하기 ✦

컵 8번에 대해 좀 더 분석해 보자. 같은 내용으로 과거 한번 떠난 적이 있을 때는 다시 돌아온다고 읽는다. 다시 말해, 이 사례에 접목하면 수강생은 작년 5월 수술로 인해 쉬는 동안 타로와 사주 공부를 하고 있었다. 건강이 회복되면서 돈을 벌어볼까 생각했다면 그때는 휴식을 원하는 마음이 더 커서 생각을 접었을 것이다.

시간이 지난 현재에 같은 내용으로 질문을 했을 때는 돈을 벌어보자는 마음이 더 커서 접었던 생각을 다시 되돌리는 연결로 컵 8번을 읽을 수 있다.

현재 소득이 없는 수강생은 작년 재물운 3장을 먼저 뽑고 올해 재물운 4장을 뽑아 비교하였다. 뽑은 시점은 2022년 10월 말이다.

타로에 묻다
Ⅰ작년 재물운 3장Ⅰ

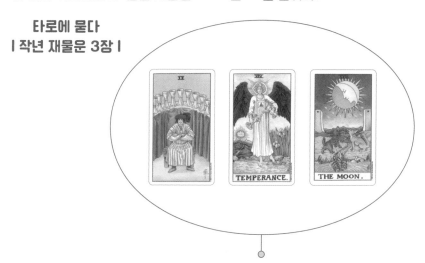

컵 9번 & 14번 절제 & 18번 달

타로에 묻다
Ⅰ올해 재물운 4장Ⅰ

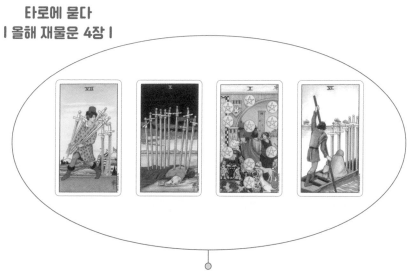

검 7번 & 검 10번 & 펜타클 10번 & 검 6번

◆ 한 줄 분석 ◆

직접적인 수입이 없을 경우 배우자의 경제력을 감안한다.

◆ 리아의 해석 ◆

작년 1월~4월 : 컵 9번

물질 욕심을 내지 않고 현재 가진 것에 만족한다. 대체로 이익이거나 수입이 있었다. 혹은 수입보다는 지출이 더 있었지만 쓸 만큼 쓰고 조금 모자라도 이만하면 됐다는 만족감을 느낀다.

　　김리아 : 재물운이 넉넉했나요?

　　수강생 : 아니요.

작년 5월~8월 : 14번 절제

물질에 대해 절제를 해야 한다. 원하는 만큼 재물의 이익이거나 수입이 아니기에 필요한 만큼 지출을 할 수 없어 절제해야 한다. 굳이 시간이 오래 걸리는 미래 희망적 의미를 적용하자면 5월~8월 중에서 8월에나 조금 나아질 수 있다.

　　김리아 : 재물운 8월에 그나마 나아졌나요?

　　수강생 : 다 안 좋았어요.

작년 9월~12월 : 18번 달

재물운이 암울하다. "아이고" 탄식하는 소리가 나올 정도로 매우 손실이 크거나 지출이 많다.

　　김리아 : 지출이 많았나요?

　　수강생 : 네. 일반적인 지출도 많았는데 시댁에 일이 좀 있었어요. 그 지출까지 합해지면서 정말 힘들게 지냈어요.

올해 1월~3월 : 검 7번

손쉽게 작은 이익을 얻기 위해 몰래 일을 꾀한다. 돈과 관련해서 무언가 계획한 것이 있다. 예를 들어 혼자서 일을 계획하고 실행해서 이익을 챙기려고 한다. 만약 수익이 생겨도 돈의 출처를 밝히지 않는다.

　　김리아 : 무언가 계획이 있었나요?

수강생 : 남편 몰래 대출을 받았어요.

김리아 : 대출에 의해서 돈이 수입으로 잡혔지만 몰래한 부분으로 온전한 이익은 아닙니다. 이자와 함께 역시 몰래 갚아야 하는 돈이네요.

올해 4월~6월 : 검 10번

재물운이 상당히 안 좋았을 시기다.

김리아 : 대출받은 돈을 이때 다 사용했나요?

수강생 : 네. 남은 돈 없이 다 활용했어요.

김리아 : 남편 몰래 어떻게 갚을 건가요?

수강생 : 경제권을 제가 갖고 있어서 조금씩 갚을 수 있는데 남편에게 들켰어요.

김리아 : 그렇다면 1월~3월 사이에 대출받은 돈을 이 시기에 다 지출하고 남편에게도 들켜서 그림처럼 등에 검 열 개가 꽂혔다고 읽을 수 있겠어요.

올해 7월~9월 : 펜타클 10번

쓸 만큼은 재물이 들어오면서 숨통이 트인다. 그렇지만 손에 남지 않고 흩어지기에 남는 돈은 없다.

김리아 : 재물이 들어왔나요?

수강생 : 네. 남편이 좀 더 수입이 생겨서 대출을 갚았어요.

올해 10월~12월 : 검 6번

미래의 재물 상황은 대체로 안 좋다. 재물과 관련해서 갈등이나 근심, 걱정이 있다. 그렇더라도 검 10번의 시기보다는 안 좋은 상황이 덜할 것이다.

◈ 상담 후기 ◈

바로바로 후기를 확인할 수 있어서 흥미진진했던 상담이었다.

◈ 기억하기 ◈

검 7번은 손쉽게 작은 이익을 얻기 위해 몰래 일을 꾀하는 의미가 있다. 몰래 일을 꾀하는 것이 아니라면 그 계획은 생각한 것보다는 손실로 이어질 수 있다.

리아 타로
실전 사례 편

제 **10** 장

궁합
배열법

1. 궁합 배열 의미

궁합이란 둘 사이의 관계에서 서로에게 갈등 요소가 있는지를 알아보고, 얼마나 마음이 잘 맞는지 보는 것을 말한다. 남녀 사이에서 많이 보지만 부모와 자식, 형제, 친구, 사제, 동료, 중요한 상대방 등 폭넓게 적용할 수 있다. 서로의 성향과 개성, 가치관, 취향 등을 고려해 참고하는 게 좋다.

2. 궁합 배열법

총 11장을 배열한다. 가운데를 기준으로 왼쪽과 오른쪽으로 상대를 나눈다. 두 대상을 비교하기 위해 같은 의미가 두 개씩 자리한다.

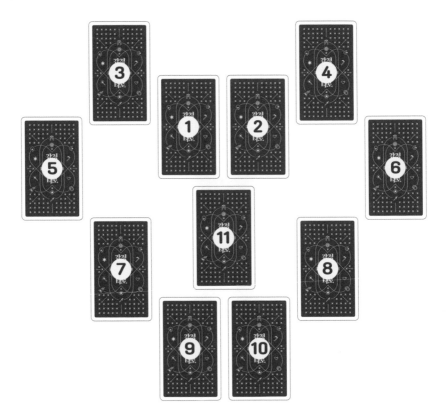

1번 / 2번 상대를 대하는 성향

각자의 평소 성향보다는 서로 상대를 대하는 독특한 성향을 의미한다.

3번 / 4번 가정환경

각자 부모와의 가정환경을 의미한다. 예를 들어 부부일 경우 남편이 부모와의 가정환경, 아내가 부모와의 가정환경을 뽑는다.

5번 / 6번 경제력(상대에게 미치는 영향력)

소득이 없더라도 각자 경제력을 의미한다.

미성년일 경우에는 상대에게 생각, 행동, 결정에 영향을 미칠 수 있는지 영향력으로 뽑는다.

7번 / 8번 애정 표현(이상형)

연인이나 부부일 경우 성적 어울림과 조화를 의미한다. 신체적인 이해와 소통, 성적인 욕구와 취향, 성적 선호도 등이 얼마나 일치하고 서로를 만족시킬 수 있는지를 진단한다.

미성년이거나 그 외의 관계일 경우에는 사랑하거나 좋아하는 정도 또는 이상형인지를 뽑는다. 이상형은 개인의 주관적인 기준에 따라 다르다. 주로 외적인 요소뿐만 아니라 성격, 가치관, 취미 등 다양한 부분을 포함한다.

9번 / 10번 상대를 생각하는 속마음

현재 서로 상대를 생각하는 속마음이다. 내면에 감춰진 복잡하고 깊은 진정한 마음이다. 누군가는 자신의 속마음을 쉽게 표현하고 공유할 수 있다. 반대로 속마음을 숨기거나 잘 표현하지 않는 성향을 가진 사람도 있다.

11번 조언

관계에서 그 상황에 필요한 조언을 의미한다. 그들의 상황을 이해하고 겪고 있는 어려움이나 문제에 공감하는 마음가짐을 가져야 한다. 편견이나 주관적인 생각을 제외하고 상황을 객관적으로 판단하고 중립적인 시각을 유지해야 한다. 뽑힌 카드 의미를 모호하지 않게 명확하고 구체적이면서 도움이 되도록 전달하는 것이 중요하다.

수강생은 남편과의 부부 궁합을 뽑았다.

타로에 묻다
| 궁합 배열 |

◆ 한 줄 분석 ◆

아내의 성적 애정 표현 지팡이 2번과 남편을 생각하는 속마음 검 7번에서
공통된 해석점이 있다.

✦ 리아의 해석 ✦

아내가 남편을 대하는 성향 : 17번 별

미래를 같이할 배우자로 평생지기의 희망을 품고 대한다.

> 수강생 : 남편에게 최선을 다하고 있어요.

남편이 아내를 대하는 성향 : 4번 황제

감정 표현이 풍부하지는 않다. 소소한 애정 표현을 하지 않지만 가장으로 안정감 있게 대한다. 자신 위주로 생각하며 아내를 이끈다.

> 수강생 : 네. 남편은 보수적인 성향이 있고 좀 무뚝뚝해요.

아내 가정환경 : 16번 탑

갑작스러운 일이 있을 수 있다. 무언가 안 좋은 상황이다.

> 수강생 : 친정어머니가 요양 병원 생활을 오래 하셨어요. 병원비를 형제자매들이 나누어 내고 있어요. 오빠들이 더 많이 내고 있어서 제 몫은 그리 부담되지는 않아요.

남편 가정환경 : 11번 정의

역시 무언가 안 좋은 일이 있어서 스트레스가 많은 환경일 수 있다. 혹은 훈육하는 가정이다. 부모님의 가치관이 확고해 옳고 그름과 예절 등을 가르치고, 남에게 피해 주는 걸 싫어한다. 그러다 보면 잔소리가 많을 수 있다. 따라서 훈육을 받는 자식들 입장에서는 스트레스가 많다.

> 수강생 : 별다른 일은 없고 분위기가 딱딱하고 재미가 없어요.

아내의 경제력 : 검 10번

손실과 연결할 수 있는 금전적인 타격이 매우 크다.

> 수강생 : 남편 모르게 지인에게 2,000만 원을 빌려주었다가 수개월째 한 푼도 돌려받지 못한 걸 남편에게 들켰어요. 남편은 자신이 모르는 돈이 있는 것도 어이없는데 못 받고 있으니 화를 내더라고요.

남편의 경제력 : 3번 여황제

풍족한 경제력이다.

　　수강생 : 네.

아내의 성적 애정 표현 : 지팡이 2번

벽에 고정된 지팡이는 남편이지만 잡은 지팡이는 남편 외에도 육체적 관계를 맺는 다른 이성이 있다. 몰래 만나는 것을 들킬까 봐 두려움이 있다.

　　수강생 : 네. 전에 만나던 남자가 다시 연락이 와서 만나고 있어요.

남편의 성적 애정 표현 : 펜타클 4번

남편은 육체적 관계를 굉장히 좋아하고 아내에게 집착하고 있다.

　　수강생 : 사실은 남편이랑 잠만 자고 관계를 안 하고 있어요. 남편이 졸
　　　　　라도 싫다고 하면 다가오지 않아요. 그래서 더 갈구하더라고요.

남편을 생각하는 속마음 : 검 7번

아내의 성적 애정 표현 지팡이 2번과 연결되고 단독 해석으로도 남편 몰래 계획하는 것이 있다. 바람피우려 하고 있다.

　　수강생 : 네.

아내를 생각하는 속마음 : 검 8번

남편은 아내가 바람을 피운다는 심증이 있다. 물증이 없어 닦달하지는 않지만 불편하고 불안한 마음이다.

　　수강생 : 결혼하기 전에 만나던 남자가 있었어요. 그 남자랑 헤어질 때
　　　　　까지 남편이 기다려서 결혼하게 되었는데 요즘도 한 번씩 싸우
　　　　　게 되면 "만나는 다른 남자 있지?" 하고 추궁해요. 그러다 지인
　　　　　에게 빌려준 2,000만 원을 남자에게 쓴 거라면서 의심하고 있
　　　　　어요.

조언 : 펜타클 10번

관계에 있어 거리가 생기고 소원한 의미가 있다. 의심하는 남편의 신뢰를 회복하기 위해서 관계가 좀 더 돈독해질 수 있도록 노력하면 좋겠다.

✦ 상담 후기 ✦

"최근에 집을 매매하고 이사를 했어요. 지출이 매우 큰 상황이라 제가 빌려주고 못 받고 있는 돈에 남편이 민감한 것 같아요. 당연히 받아야 하지만 지인이 줘야 받을 수 있는 거라 남편과 잘 이야기해서 의심을 풀어야 할 것 같아요"라고 전했다.

✦ 기억하기 ✦

의심되는 상황에서 아내를 생각하는 속마음 검 8번 '심증은 있으나 물증이 없다' 의미는 중요한 해석 포인트다.

시아버지를 모시고 사는 수강생이다. 남편과 시아버지의 궁합을 뽑았다.

타로에 묻다
| 궁합 배열 |

아들　아버지

◆ 한 줄 분석 ◆

조언 자리 검 여왕이 미루고 있는 선택과 결정이 무엇인지 파악이 필요하다.

✦ 리아의 해석 ✦

아들이 아버지를 대하는 성향 : 컵 8번

바라는 것이 있지만 원하는 대로 안 되는 불편함이 있다. 마음을 비우고 내려놓으며 대한다.

> 김리아 : 두 분 사이에 갈등이 있나요?
>
> 수강생 : 네.

아버지가 아들을 대하는 성향 : 지팡이 2번

고정된 지팡이는 한집에 같이 살면서 이야기된 부분이지만, 잡은 지팡이는 무언가 바라면서 대한다. 아들이 자신에게 주는 것을 바랄 수도 있다.

> 김리아 : 아버지가 남편에게 바라는 것이 무엇인지 알고 있나요?
>
> 수강생 : 경제력과 관련해서 기대지 않길 바라시는 것 같아요.

아들이 느끼는 가정환경 : 펜타클 7번

아들은 아버지와 같이 생활하면서 불편함과 갈등이 있기에 만족스럽지 않다. 펜타클 원소와 연결하면 경제적인 부분에도 만족스럽지 않다고 느낀다.

> 김리아 : 어떤 부분에서 만족도가 떨어지는 걸까요?
>
> 수강생 : 성격도 맞지 않지만 그보다 경제적인 부분이 더 커요. 결혼 전까지 남편 집에서 아버지와 같이 살았다고 하더라고요. 저를 만나 결혼하면서 다른 집을 얻어 신혼살림을 시작했어요. 아버지는 일하시며 남편 명의 집에서 혼자 지내셨어요. 집이 두 채가 되니 경제적으로 벅찰 때가 있더라고요. 어려움을 극복하기 위해 다시 합가하면서 4년째 같이 지내고 있어요. 아버지가 경제 활동을 하시지만 남편은 아버지에게 생활비를 10만 원만 주시라 했어요. 그런데 같이 사는 저희에게는 인색하고 시동생들에게만 금전적인 도움을 주세요. 더 중요한 건 남편 집인데 아버지께서 "이 집은 내 집이다"라고 말씀하세요.

175

김리아 : 그렇다면 대하는 성향 지팡이 2번에서 아버지께서 벽에 고정된
지팡이로 생활비 10만 원씩 주는 것이고, 잡은 지팡이로 바라는
것은 집이었군요.

아버지가 느끼는 가정환경 : 10번 운명의 수레바퀴

아들 내외와 같이 살면서 불편한 것도 있지만 좋은 것도 있어서 잘 돌아간
다고 느낀다. 아들에 비해 불편함이 크지 않다.

아들의 경제력 : 컵 7번

계획하고 기대했던 경제력에 미치지 못하고 있다. 넉넉하지 않다.

아버지의 경제력 : 지팡이 7번

위 내용을 참고할 때 힘들지만 경제 활동을 이어가면서 어느 정도의 경제력
을 유지하고 있다.

수강생 : 아버지가 말씀하지 않으셔서 어느 정도의 경제력인지 모르는
상황이에요. 시동생들이 손을 벌리면 계속 도와주세요. 그때는
일을 더 많이 하세요.

아들의 애정 표현 : 3번 여황제

아들이자 남편은 사랑받는 것에 좀 더 익숙하다. 주변에서 자신을 안아주고
손잡아 주는 것을 더 좋아한다. 아버지에게 애정 표현을 하지 않는다.

수강생 : 네. 맞아요.

아버지의 애정 표현 : 컵 9번

기분이 좋을 때는 애정 표현을 하며 스스로 만족하고 있다. 상대가 느끼지
못하는 자기만의 애정 표현일 수도 있다. 아들은 사랑받고 있다는 느낌을 받
지 못한다.

수강생 : 맞아요.

아버지를 생각하는 속마음 : 18번 달

아들이자 남편의 마음은 굉장히 불편하다. 갈등의 골이 깊다. 정리되지 않은 채 모호하게 유지되는 관계가 속상하고 힘들다.

　　수강생 : 언젠가 한 번은 저에게 "아버지는 왜 그러실까?"라고 묻더라고요.

아들을 생각하는 속마음 : 펜타클 에이스

계산적인 부분이 욕심과 이어지는 속내다. 아버지가 아들을 대하는 성향 지팡이 2번과 위 내용을 참고할 때 분가하려면 아버지는 지금 집에서 계속 살고, 아들 부부가 나가야 함을 예측할 수 있다.

조언 : 검 여왕

선택과 결정을 해야 할 때이다. 분가할 계획이 있다면 며느리보다는 아들이 직접 아버지에게 이야기하는 게 좋다. 따로 살자고 하면서 집을 파는 게 좋을 것 같다.

✦ 상담 후기 ✦

"남편은 집을 팔면서 분가를 계획하고 있어요. 단호하게 마음먹었지만 아버지에게 언제 말씀드릴지 모르겠어요. 1년 후가 될지 5년 후가 될지 기한이 없어요."

수강생은 답답한 상황을 타로를 통해 이야기하면서 위로받았다고 전했다.

✦ 기억하기 ✦

이런 상황에서 조언이 중요하기 때문에 신중해야 한다. 상황에 맞추어 검 여왕의 조언을 하였으나 선택은 내담자의 몫이다.

수강생은 만나는 남자와의 연인 궁합을 뽑았다.

타로에 묻다
| 궁합 배열 |

◈ **한 줄 분석** ◈

두 사람 중에 누가 더 사랑하는지 눈여겨보자.

✦ 리아의 해석 ✦

여자가 남자를 대하는 성향 : 지팡이 왕

신뢰를 주는 인물이다. 다소 무뚝뚝함이 있어 애교와는 거리가 멀다. 불필요한 말은 하지 않으며 말한 것은 지키고 책임감 있는 행동으로 대한다.

> 수강생 : 맞아요. 말을 하면 지켜야 한다는 책임감이 강해 허투루 말하지 않으려고 해요.

남자가 여자를 대하는 성향 : 4번 황제

자신이 이끄는 대로 맞추어 오기를 바라며 대한다. 안정감과 책임감이 있는 만큼 고집스럽고 보수적인 면도 엿보인다. 감정 표현이 서툴러 다정다감한 모습은 없다.

> 수강생 : 남들에게는 고집스러운 면이 강하지만 저에게는 맞추어 주려고 신경 쓰더라고요.

여자의 가정환경 : 1번 마법사

가족 간의 관계가 좋다. 서로 신뢰하는 부분이 있어 무언가 하고자 하면 합의가 잘된다.

> 수강생 : 네. 잘 지내고 있어요.

남자의 가정환경 : 지팡이 8번

가정환경의 변화를 속도감 있게 계획하고 있다. 여자를 생각하는 속마음 15번 악마와 연결하여 두 사람이 가정을 합치고자 하는 계획이라고 읽겠다.

> 김리아 : 결혼 언급이 있나요?

> 수강생 : 네. 저는 재혼이고 그 사람은 초혼인데 같이 살자고 계속 이야기해요.

여자의 경제력 : 검 2번

경제적인 측면에서 고민하고 있다. 이 일을 할지 말지 혹은 서로 다른 일 중
에 무엇을 선택할지 망설여진다.

　　김리아 : 고민하는 게 무엇인가요?

　　수강생 : 네. 현재 소규모로 자영업을 운영하고 있어요. 그 공간에서 타로
　　　　　　　상담을 병행하면서 두 가지 일을 하려고 하는데 '상담을 잘할
　　　　　　　수 있을까?' 고민되더라고요.

남자의 경제력 : 펜타클 여왕

여왕 계급으로 넉넉한 경제력이다.

　　수강생 : 부동산을 소유한 건 아니지만 전세 자금 대출도 받지 않았어요.
　　　　　　　대부분 현금으로 생활하며 아무런 빚이 없어요.

　　김리아 : 아~. 부동산 소유까지는 아니군요. 빚이 없다는 부분에서 펜타
　　　　　　　클 여왕이 뽑힌 것 같네요.

여자의 성적 애정 표현 : 컵 2번

정서적 육체적으로 소통하는 애정 표현에 만족하고 있다. 컵 원소로만 연결
하면 정서적인 소통을 우선시할 수도 있다.

　　수강생 : 관계를 자주 갖는 것보다는 정서적 애정 표현을 선호하고 있
　　　　　　　어요. 그렇지만 어쩌다 관계를 갖게 되면 만족합니다.

남자의 성적 애정 표현 : 펜타클 5번

바라는 만큼 채워지지 않는다. 마찬가지로 여자를 생각하는 속마음 15번 악
마와 연결하면 욕망으로 가득하다. 좀 더 자주 관계를 갖고 싶지만 그렇지
않아 부족하다고 느낀다.

　　김리아 : 남자분이 성적 욕구가 강한가요?

　　수강생 : 네.

남자를 생각하는 속마음 : 펜타클 8번

한 사람만을 바라본다. 다른 이성에게 곁눈질하지 않는다. 노력해서 차곡차곡 결실을 쌓아가려 한다.

    수강생 : 네. 좋아해요.

여자를 생각하는 속마음 : 15번 악마

이 여인의 모든 것을 갖고 싶어 한다. 매력에 푹 빠져 헤어 나오고 싶지 않을 만큼 정말 사랑하는 마음이 크다. 그러다 보면 집착이 되기도 한다.

    김리아 : 남자분이 더 좋아하고 사랑하는 거 맞지요?

    수강생 : 네. 엄청나게 사랑합니다. 제 생활을 못 할 정도로 자주 연락하
            고 만나서 부담스럽기도 해요. 저는 그 사람을 좋아하지만 사랑
            하지는 않아요….

조언 : 검 여왕

선택과 결정을 해야 할 때이다. 남자는 결혼을 원하기에 답변을 해야 한다. 그러나 미루고 있기에 확실한 의사 표현을 하는 게 좋겠다.

    김리아 : 답변을 미루는 이유가 있나요?

    수강생 : 네. 이혼한 지 1년 반밖에 안 돼서 조심스러워요. 생활 환경이 바
            뀌고 매이게 되는 불편함이 느껴져서 미루고 있어요. 그 사람
            에 대한 확신도 없고요. 무엇보다 사실은 혼자 살고 싶어요.

여기까지 후기를 듣고 같이 수업하는 수강생이 "결혼하는 게 도움이 될까?"라고 추가 질문을 해보면 좋을 것 같다는 의견이 있었다. 확인하기 위해 결과 1장 뽑아 본다.

◈ 추가 해석 ◈
결과 : 12번 매달린 남자
정식으로 부부 관계를 맺으면 그 생활에 매이게 되고 발전하거나 나아가지 못하고 한자리에 머물러 도움이 안 된다. 결혼은 신중해야 한다.

◈ 상담 후기 ◈
"난 혼자 살고 싶으니 결혼할 수 있는 여인을 찾으라는 이야기를 하고 싶지만 마음이 약한 부분도 있고, 이만큼 사랑해 주고 챙겨주는 사람이 또 있을까 싶기도 해서 말을 못 하겠어요"라고 전했다.

◈ 기억하기 ◈
검 여왕으로 결정을 내리기는 좀 더 시간이 필요할 것 같다. 조언을 이행하기에는 어려움이 있다.

끝내며

저자의 말

첫 책 《감정 읽기 리아 타로》는 텀블벅 펀딩 287% 달성과 함께 세 가지 버전으로 재탄생했다. 이론과 실전이 함께 수록된 합본 / 이론 이해 편 / 실전 사례 편이다.

'합본'은 타로 입문자에게 꼭 필요한 책이라 생각한다. 타로를 배울 때 첫 단추가 정말 중요하다. 이론과 실전 사례를 같이 비교하면서 읽으면 좀 더 이해하기 쉽다.

'이론 이해 편'은 타로에 관심은 있지만 선뜻 다가가기 어려운 사람들에게 권하고 싶다. 타로의 인물 이야기를 들으면서 자신의 마음도 들여다보고 스스로 치유할 수 있는 시간이 되었으면 좋겠다. 카드 해석과 키워드 연상은 저절로 따라올 거라 믿는다.

'실전 사례 편'은 합본에는 없지만 많이 궁금해하는 '재물운 배열법'과 '궁합 배열법'을 넣었다. 그리고 사례 10을 추가해 총 50가지의 사례를 실었다. 실제 나누었던 생생한 대화로 현장감을 느끼고 수강생들의 리딩까지 비교해 보는 맛이 있다. 늘 이론을 열심히 배우고 실전에는 자신 없는 분들에게 도움이 되고자 노력했다.

강의하다 보면 이론을 배우고도 선뜻 실전에 돌입하지 못하는 분들이 많다. 배운 이론을 실제 사례에 적용하는 어려움도 있겠지만, 나의 한마디에 그 사람의 인생이 좌지우지되면 어쩌나 하는 걱정과 두려움이 앞선다고 이야기한다. 좀 더 완벽하게 이론을 숙지한 후에 상담을 시작하고 싶어 한다. 그러다 보면 시간만 흘러가고 점점 더 자신감은 사라진다.

타로에서는 이런 상황을 '0번 광대(바보)'에 대입할 수 있다. 시작을 한 것도 아니고 안 한 것도 아니다. 음식을 먹었으면 배출해야 하는 것처럼 우리가 배운 정보와 지식을 활용해야 한다. 그것이 배움의 순기능이다.

타로 해석을 잘하는 방법 첫 번째는 타로를 배우자마자 활용하는 것이다. 처음에는 가족이나 친한 지인을 상대로 연습하는 걸 추천한다. 질문과 해석을 메모해 두었다가 후기를 확인하는 노력이 꼭 필요하다. 그 과정에서 타로를 온전하게 해석했는지 점검할 수 있다. 힘들고 귀찮은 과정이지만 되짚어보려는 노력이 없으면 어느 부분에서 오류가 있었는지 바로잡을 기회를 놓친다. 후기 확인을 통해 내담자의 상황을 다시 이해하고, 처음에 발견하지 못했던 타로의 또 다른 의미를 발견할 수 있다. 타로 실력이 많이 향상되고 더 여유 있고 풍부한 상담이 가능하다. 그만큼 후기 확인은 꼭 필요하고 중요하다.

오류를 줄이는 두 번째 팁은 질문의 의도를 잘 파악하는 것이다. 내담자가 원하는 방향이 무엇인지 그 부분을 확실하게 짚고서 질문을 해야 한다.

예를 들어 이사를 원하는 것인지 원하지 않는 것인지, 다른 부서로 발령받기를 원하는 것인지 원하지 않는 것인지에 따라 타로의 해석이 달라진다. 이 책의 50가지 다양한 사례를 통해 분명하고 알기 쉽게 기록했다.

모든 질문에서 긍정 유형 의미의 타로가 뽑힌다고 'Yes', '네'가 아니다. 반대로 부정 유형 의미의 타로가 뽑힌다고 해서 'No', '아니요'가 아니다.

예를 들어 "헤어질 수 있을까요?" "이혼할 수 있을까요?" "퇴사할 수 있을까요?"와 관련한 질문에는 이별과 이혼, 퇴사 의미를 담고 있는 고유 의미가 있는 카드가 뽑혀야만 뒷받침한다. 타로 78장 중에는 몇 장에 불과하다. 그 카드를 고민하길 바란다.

마지막으로 타로 상담을 잘 이끌어 가고 싶다면 내담자의 사연을 진심으로 귀담아듣길 바란다. '그 상황이 나라면 어땠을까?' 감정이입을 하면 자연스럽게 어떤 질문이 좋을지 떠올릴 수 있다. 내담자의 감정을 공유할 때 더욱 진실한 상담이 이루어진다.

꾸준한 타로 실전 연습과 노력으로 이전에는 알아차리지 못했던 의미와 정보를 알 수 있다. 내담자의 풍부한 사연을 통해 감정이입의 간접 경험이 쌓일수록 내재되어 있던 직감이 깨어나고 개발된다.

이 과정을 거치면 내담자가 여러분을 더욱 신뢰하게 되는 타로 상담가로서 강력한 무기를 가질 것이다. 《감정 읽기 리아 타로 - 실전 사례 편》이 여러분만의 타로 비법을 만드는 데 큰 힘이 되길 바란다.

타로 분석가 김리아

감정 읽기 리아 타로 실전 사례 편

초판 1쇄 발행 2023년 9월 9일

지은이 김리아
펴낸이 유지서

펴낸곳 이야기공간 ✦ **출판등록** 2020년 1월 16일 제2020-000003호
주소 04071 서울특별시 마포구 독막로 10, 성지빌딩 606호 (합정동)
전화 070-4115-0330 ✦ **팩스** 0504-330-6726 ✦ **이메일** story-js99@nate.com
블로그 blog.naver.com/story_js2020
인스타그램 https://www.instagram.com/the_story.space/
유튜브 https://www.youtube.com/channel/UCGc7DD4pxilIHPBU-b-kX5Q
이야기공간스토어 https://smartstore.naver.com/storyspace

편집 홍지회 ✦ **디자인** 책은우주다, 김소연
마케팅 김영란, 신경범, 변정혜
경영지원 카운트북 countbook@naver.com ✦ **인쇄 · 제작** 미래피앤피 yswiss@hanmail.net
배본사 런닝북 runrunbook@naver.com ✦ **전자책 제작** 롤링다이스 everbooger@gmail.com

ⓒ 2023, 김리아
ISBN 979-11-93098-08-0(03180)

- 이 책은 텀블벅 펀딩에서 목표금액 287% 달성으로 제작된 《감정 읽기 리아 타로 : 실전 사례 40 수록》 '제2부 감정 읽기 리아 타로 : 실전 사례'에서 '재물운'과 '궁합' 배열법이 추가된 《감정 읽기 리아 타로 : 실전 사례 편》입니다. '시작하며'에서 실전에 관한 질문과 답변으로만 추린 '리아 타로 실전 사례 Q&A 7'을 실었다는 점이 합본과 다릅니다. 또한 합본은 실전 사례 40 수록인데 이 책에는 사례를 좀 더 보강해서 총 50이 실려 있습니다.
- 책값은 뒤표지에 있습니다.
- 파본은 구입처에서 교환해 드립니다.
- 이야기공간스토어에서 감사 굿즈인 유니버설 웨이트 타로 스티커 북과 행복(컵10), 능력자(마법사), 풍요(여황제) 북마크 3종을 본책과 세트 혹은 별도로 한정 판매합니다.